上念 司

経済で読み解く大東亜戦争

「ジオ・エコノミクス」で日米の開戦動機を解明する

KKベストセラーズ

まえがき　～なぜ今、「大東亜戦争」を学ばなければならないのか

現在、わが国の歴史教科書には「なぜ日本が大東亜戦争へと向かったのか」について、本当の理由が書いてありません。

極めて単純化すれば、日本という国が「世界中の国を敵に回して戦争する」という〝悪手〟を打つように、敷かれたレールの上を強制的に走らされたからです。いや、もっと正確に言えば、そのレールの上を走ることが問題を解決することだと当時の人々が信じ込んでしまったからです。

もちろん、そのレールを敷いたのは、日本を滅ぼしたい人々でした。彼らは「国粋主義者」になりすまし、政府や論壇のなかに紛れ込みました。「暴《ぼう》支《し》膺懲《ようちょう》（暴虐な支那を懲《こ》らしめよ）」「対米開戦やむなし」「バスに乗り遅れるな」などと煽られた国民は、諸手を挙げて戦争の拡大に賛成しました。

現在のようにインターネットなどを通じて、即座に情報の真偽を検証することができなかった時代です。一部の新聞と月刊誌を乗っ取れば、「情報の操作」は可能でし

た。当時の日本は、誤った情報に基づいて、「対米開戦」という誤った判断をしました。まさに、「大東亜戦争」という〝破滅〟に向けて全力疾走してしまったのです。

私たちが二度と同じ間違い（反日勢力に引きずられてしまう愚行）を繰り返さないために、「なぜ戦前の日本が誤った方向に導かれたのか」、そして「反日勢力はどのような手段を用いて世論形成をしたのか」ということをよく知っておく必要があります。

振り込め詐欺に騙《だま》された人は、振り込んだお金を取り戻そうとして〝二次被害〟に遭うと言います。我々日本人が誤った戦争を再び繰り返すという二次被害に遭わないためには、大東亜戦争開戦までの経緯を知り、その経緯を子々孫々まで伝えていかなければなりません。

しかし大変残念なことに、戦争が終わって70年が経とうとしている今、その記憶はかなり薄れてしまいました。だからこそ、二次被害のリスクを警戒する必要があるのです。

私が小学生のとき（１９７０年代）は、10代で戦争を体験した昭和一桁《ひとけた》世代がまだ50代でした。特攻隊の生き残りや、戦争中に共産主義活動をしていた活動家崩れなど、個人的な戦争体験を語り継ぐ世代もまだ健在でした。また、米ソ冷戦もかなりの程度まで進行しており、核戦争による人類滅亡の緊張感が地球を覆っていました。リアルな「戦争の体験」とリアルな「戦争の危機」が目の前にあったのです。

しかし今、昭和一桁世代は80代から90代に差し掛かりました。そして、戦争は「正規軍同士の戦い」ではなく、「ゲリラによる非正規戦」が主流となりました。ただでさえ、リアルな意味での戦争体験を失ってしまった日本に、「戦争そのものの変化」という新たな難題が突き付けられているのです。

ところが学校の歴史教育において、戦争は単純に〝悪〟だとされ、非難される対象としかなっていません。大東亜戦争によって国土が灰燼《かいじん》に帰したことを悲惨な戦争体験として伝えるならまだしも、「南京大虐殺」や「従軍慰安婦強制連行」といったありもしない話をでっち上げ、ひたすら自責の念を喚起しているだけです。

本来語るべきは、「日本がなぜ対米開戦へまっしぐらに進まざるを得なかったのか」という点ではないでしょうか。

当時の人々は誤った情報に振り回され、冷静な判断ができませんでした。なぜ冷静になれなかったかというと、度重なる経済失政によって生活が不安定で、精神的に追い詰められていたからです。そして、「わかりやすく単純な答え（「戦時統制」と「大東亜戦争」）」に熱狂し、地獄への道を突き進んだわけです。

歴史教科書のように、単に国際関係だけを追っても真実は見えてきません。ある政策の背後にあった世の中の「空気」、そしてその空気を形成する人々の気持ちに大きな影響を与えていた「経済情勢」を知らなければ、本当の原因を知ることはできないのです。

本書の目的は「愚かな決断、判断の誤りは気の迷いから生じ、気の迷いは経済的な困窮に誘発される」という壮大な仮説を検証することです。その検証に最も有効なツールが、「ジオ・エコノミクス（地政経済学）」です。

ジオ・エコノミクスとは、経済をひとつの手段として相手国をコントロールする戦略を研究する学問です。その観点から見ると、当時多くの国が自国の利益だと信じて突き進んだ道（金本位制）は、相手をコントロールするどころか自分を縛る最悪の選択であり、戦争への道だったのです。

戦後70周年を迎えるに当たり、自滅の道を歩んだ愚かな決断に至った歴史的事実を知ることで、再び同じ道を歩まないことが、真に英霊に報いることであると確信しています。ぜひ最後までお読みいただければ、筆者として幸甚の極みです。

上念　司

目次

第一部　「金本位制」が世界経済を成長させ、そして、奈落に突き落とした……

第二部　凋落するドイツとフランス、台頭するアメリカと日本

【第一次世界大戦の明暗】

第三部

【第二次世界大戦前夜の日本経済】

日本はなぜ「大東亜戦争」に突入したのか

終　章　【日本の戦後復興】

焼け野原から「高度経済成長」を成し遂げた奇跡の国・日本

※本書の引用部分につきまして、原文の記述を損なわない範囲で一部要約した箇所があります。
※敬称につきまして、一部省略いたしました。役職は当時のものです。

序章【経済と戦争の相関】

「経済」がわかれば、「戦争」がわかる！

「軍部の台頭」というファンタジー

歴史教科書には、「自由民権運動」「足尾銅山鉱毒事件」などの民衆運動や、普通選挙や政権交代が戦前からあったことは列挙されています。ところが、なぜか途中から「ある日突然、軍部なるものが台頭して、日本を北朝鮮のような国にしてしまいました……」といった〝ファンタジー〟が始まります。そして、それ（軍部の台頭）が「敗戦」と「東京裁判」によって終わり、「日本がデモクラシーの国になった」という話にすり替えられています。

言論の自由が認められ、普通選挙が実施され、政友会と民政党という二大政党制による政権交代が何度もあったにもかかわらず、なぜ軍部が日本を乗っ取ることができたのでしょうか。それも、ある日突然に……。正直、私は理解に苦しみます。

こういうことを言うと、「戦前に『大政翼賛会』ができ、議会も政府も軍の言いなりだった」などと反論する人がいるかもしれません。それでは、その大政翼賛会は、「軍部」なるものの指導によってできたのでしょうか。事実は、まったく異なります。

実は、「ファシズム」に最も近いものを目指したのは、当時国民から圧倒的な支持を受けていた近衛文麿《このえふみまろ》首相をはじめとする「革新」派でした。そのなかには、軍内の「革新」派や新官僚の多く、そして風見章《かざみあきら》、尾崎秀実《おざきほつみ》といったソ連共産党とかかわりの深い人物、社会大衆党、転向した共産党員までが含まれていました。

おかしいですね。私たちは歴史教科書で、「共産主義者はファシズムに反対して投獄され、アメリカが解放軍としてやってきたときに救出された」と習いましたが、あれは嘘だったのでしょうか。そう、もちろんこれが大嘘なのです。

多くの左翼勢力、革新勢力は、当時の政府内に浸透し、祖国ソ連を守るための活動に従事していました。もちろん、自覚的なスパイもいれば、何となく社会運動との親和性から知らず知らずにこういった運動に加担した人々もいました。

彼らは口を開けば、「日本の構造問題を根本的に解決しなければならない」と言いました。そして「その問題によって、日本経済は停滞し、人々が幸せに暮らせない」と言ったのです。

その根本的な問題を、ある人は「ABCD包囲網だ」と言い、ある人は「ゾンビ企業を政府が補助金で生き残らせているから産業が弱くなるのだ」と言う。しかし、いずれの主張も藪医者の診断であって、その処方箋《しょほうせん》はむしろ健康を害する毒療法でした。

正しい歴史を学ぶことによって、かつて毒を飲まされた手口を知ることができます。

しかし現在の歴史教科書は、「日本人が再び詐欺に遭うようにしたいのか！」と思わんばかりで、大事なことが一切書いてありません。

軍部なるものが、単独で日本を北朝鮮のような国に変えることは不可能です。維新の志士たちがこの国を近代国家に変革し、その後は大日本帝国憲法の制定によって議会制民主主義が確立しました。予算の先議権を持つ衆議院は事実上の最高の権力を持ち、そのメンバーは普通選挙によって選ばれていたわけです。

そもそも、陸軍と海軍は予算を奪い合い、ことあるごとに喧嘩をしていました。軍部なるものが、一致団結していたと思ったら大間違いです。「軍部の台頭」のひと言で済むような単純な問題ではありません。

普通選挙による議会制民主主義が確立していたにもかかわらず、なぜ日本は道を誤ったのか……？

これこそが、本来歴史教科書が徹底的に追及し、すべての国民に知らしめなければいけない問題なのです。

「昭和恐慌」の真因は〝インフレ〟ではなく〝デフレ〟

経済的な停滞は人々の心にトラウマを刻みます。今、「ロスト・ジェネレーション」と言われている世代の人たちは、社会に出たときから日本経済が停滞しており、あまりいい思いをしていません。

将来的な見通しがつかなくなると、人々は不安を感じ、何かに縋《すが》ろうとします。景気がある程度良くて、仕事が忙しければ誰も見向きもしない〝極端な思想〟が、不況になるとまるで救世主のごとくもてはやされるようになるのです。

「第一次世界大戦」（１９１４～１９１８年〈大正３～７年〉）の戦争特需で、日本は「高度経済成長」を経験しました。ところが、戦争終結による海外の需要低迷により、今の支那のような過剰設備問題を抱えるようになります。その後、「関東大震災」（１９２３年〈大正12年〉）や「昭和金融恐慌」（１９２７年〈昭和２年〉）を経て、井上準之助《いのうえじゅんのすけ》蔵相による「金本位制」への復帰が大失敗し、「昭和恐慌」（１９３０年〈昭和５年〉）が発生しました。

ここで、歴史教科書には書かれていない重大な事実があります。それは、第一次大戦の終結から昭和恐慌に至る間に経済が低迷した本当の原因は、「デフレーション」(以下「デフレ」)だということです。多くの人は、昭和恐慌前年の1929年(昭和4年)のウォール街の株価大暴落から始まる「世界恐慌」の原因が、「インフレーション」(以下「インフレ」)だと思っているようです。しかし、世界恐慌も、昭和恐慌も、すべてデフレを原因とする長期的な経済の低迷なのです。

そのメカニズムは簡単です。第一次大戦時に、世界各国が金本位制から離脱し、たくさんのお金を刷って軍備を整えたり、兵隊を雇ったりしました。金本位制のもとでは、自国が保有する金の量までしかお金を刷ることができないためです。戦争が終わって平和になると、世界各国は金本位制に復帰すべきだと考えました。

ところが、市場に大量に出回ったお金は自国の金保有量をはるかに上回っていますから、戦前の通貨価値に戻すためには多額の資金を吸収する必要があります。当然、お金の量を減らせばデフレが発生します。

しかもこれを急激にやれば、経済活動に大きなブレーキがかかって失業が大量発生することになります。極めて残念なことに、世界中の国がまるで急《せ》かされるように、次々と金本位制に復帰していきました。そして、金本位制に復帰した順番どおりに、不況がその国を襲いました。

モノとお金のバランスがお金不足によって崩れることで、デフレが起こります。「人口が減ったからデフレになった」とか、「支那からの安い製品が入ってきてデフレになった」といったウソを未だに垂れ流している人がいますが、騙されないでください。デフレとは「お金不足で発生する貨幣現象」です。

日本が金本位制に復帰したのは1930年ですが、第一次大戦の停戦以降、「いつか日本は金本位制に復帰するに違いない」という市場の空気がありました。そのため、当時対外債務が多かった日本政府も、「永久に金本位制から離脱する」などと宣言することはできなかったのです。

さらに悪いことに、内閣総理大臣の浜口雄幸《はまぐちおさち》と大蔵大臣の井上準之助は、「清算主義的な思想」にとり憑《つ》かれていたようです。この思想は、「明日伸びんがために、今日縮むのであります」という言葉に代表されるように、「弱い企業をどんどん倒産させ、生き残った企業が日本経済を引っ張っていけばいい」という発想に基づいています。「創造的破壊」などとも呼ばれますが、実際に起こったことは「破壊のための破壊」でしかありませんでした。

1918年末の第一次大戦終結から、1930年の井上準之助による金本位制復帰までの約11年間が、まさに戦前における「失われた10年」でした。この間の経済的な困窮によって、人々の心に深いトラウマが刻まれてしまいました。

経済的に困窮し、心理的にも追い詰められると、人々は極端な思想に救済を求めます。1931年（昭和6年）から1935年（昭和10年）までの高橋是清《たかはしこれきよ》による「財政金融政策」によって景気は回復したにもかかわらず、人々の持つ〝恐慌へのトラウマ〟は拭い去ることができませんでした。その後、近衛文麿の「新体制運動」に人々の支持が集まったのはこのためです。

さらに言えば、経済的な停滞をどうすることもできない政府に失望した人々は、「五・一五事件」（1932年（昭和7年））や「二・二六事件」（1936年（昭和11年））といった軍事クーデターにさえシンパシーを感じ、首謀者の助命嘆願運動まで起こってしまいました。

国内問題の解決のために「戦争」という手段が利用されるのは、「経済停滞」というバックグラウンドがあるときです。「大東亜戦争」（1941〜1945年（昭和16〜20年））へと坂道を転がり落ちて行った日本にも、〝経済政策の失敗〟という背景がありました。

逆に言えば、もしあのとき、日本政府が金本位制への復帰を見送っていれば、仮に復帰するとしても以前よりも円安レートで復帰していれば、その後の展開はかなり違ったものになっていたことでしょう。

「経済」と「戦争」の深い関係

「人はパンのみにて生きるにあらず」とはよく言ったものです。しかしこれは、「人はパンなしで生きていける」という意味ではありません。「明日もパンを食べることができるだろう」という経済的な見通しを持った人が初めて、「パン以外」についても考える余裕が出てくるということです。

人々が経済的に困窮すると、必ず極端な意見がもてはやされるようになります。例えば、アドルフ・ヒトラーが率いたナチス（国家社会主義ドイツ労働者党）は、「世界恐慌」というデフレ不況のなかから生まれました。おそらく、多くのドイツ人が経済的な困窮を今すぐにでも打破してくれそうなナチスの政策に魅了されてしまったのでしょう。パンがない人は、パンを食べさせてくれそうな人についていくのです。たとえそれが、激しいユダヤ人差別を標榜する危険な団体であってもです。

日本の高度経済成長によって、あれほど盛り上がっていた左翼運動は大打撃を受けました。私が大学生だった１９９０年代は、ごく一部の学生を除いてそのような運動に興味を持つ人は誰もいませんでした。左翼は声が大きいので、大学の入り口にデカデカと看板を設置したりして目立ってはいましたが、実際に活動しているのは数十人程度だったと思われます。以前は大学を占拠したり、国会前に何十万人も動員したりする力を持っていたにもかかわらず、その凋落ぶりは目を覆うばかりでした。左翼に壊滅的な打撃を与えたもの、それは日本の〝経済成長〟です。

これは私の仮説ですが、世の中には経済状態がどうであろうが、ある一定の割合で極端な考えを持った人たちがいます。しかしたいていの場合、多くの人は日々の生活を充実させることに忙しく、こういった極端な思想は見向きもされません。ところが経済的な停滞が起こると、人々の雇用環境が激変して、将来に対する見通しが立たなくなります。

具体的に言えば、会社の業績不振で解雇されたり、労働条件が厳しくなったりすることで人々の不満は頂点に達します。しかしたいていの政府は、これまでの延長線上の政策しか行いません。経済の回復の遅れに業を煮やした人々は、既存の政治に対する絶望を何かやってくれそうな人々への期待で埋め合わせようとします。何かやってくれそうな人というのは、基本的に「問題の根本原因はこれだ！」と断言してくれる人です。

民主党が政権の座に就いたときのスローガンは、「コンクリートから人へ」「税金の無駄を省いて予算を組み替えよ」「最低でも県外」といったまったく具体性のないものでした。しかし、当時の日銀総裁・福井俊彦による早すぎる「量的緩和の解除」（金融引き締め）と、直後に襲った「リーマン・ショック」によって経済的に困窮した人々は、民主党政権を選んでしまいました。民主党の「活動家」はごく一部の少数派ですが、経済情勢が変化したことによって人々が民主党に期待し、「何かやってくれるのではないか」と思い、投票行動を変化させたわけです。

このように、特定の「イズム（ism）」が台頭するとき、必ずその背後に経済的な混乱があります。

日本が大東亜戦争の開戦を決断した理由を開戦詔書に求めて、「アジアの解放こそが戦争の大義だった」と言う人がいます。もちろんこれは、一面的には間違っていません。しかし、「なぜこの時期に突如として日本国民が〝アジアの解放〟に目覚めてしまったのか」については何の説明もありません。

そもそも「アジアの解放」に通ずる考えは、江戸時代末期からありました。それを組織的に実行に移したのは、頭山満《とうやまみつる》をはじめとした玄洋社《げんようしゃ》です。彼らは「大アジア主義」を唱え、支那の孫文《そんぶん》、李氏《りし》朝鮮《ちょうせん》の金玉均《キムオッキュン》、インドのチャンドラ・ボースなどを含むアジア各地の民族自決運動を支援しました。

とはいえ、玄洋社の「大アジア主義」も、後の陸軍統制派が目指した「軍事統制国家」も、平和な世ではあまりメジャーな運動にはなり得ませんでした。

「植民地」は「海外投資」である

ここで、列強国の経済に密接に関係していた「植民地」について、経済的な見地で解説してみたいと思います。

植民地獲得の目的は多岐にわたりますが、よく言われることは「増加する本国の人口のはけ口」「原料の供給地」「過剰に生産される製品を売りさばくための市場」の3つです。

イギリスは北米にたくさんの植民地を持ち、経営していましたが、これは人口のはけ口であると同時に、綿花栽培などによる原料供給地としての意味合いを持っていました。また、スペインによるメキシコなどの銀山開発、オランダによるインドネシアのゴム栽培などは、まさに原料供給地の典型です。

これを「投資」という観点から考えてみましょう。確かに、植民地は本国に利用され搾取されたという見方もありますが、これまで利用されていなかった人的資源を教育によって労働力に変えたり、捨ておかれた土地に設備をつくって生産基地に変えたりするのもまた事実です。安い賃金で働かされ、土地を奪われたという見方は、「マルクス経済学」など左翼側の一面的な見方であるとも言えます。

「資本と技術の移転」という点で言えば、イギリスによる北米、豪州に対する多額の投資はその後、各国の近代国家の礎《いしずえ》をつくりました。そういう意味では、日本による朝鮮、台湾、満洲への投資は搾取どころか、むしろ持ち出しが多かったぐらいです。日本は朝鮮半島を併合して、人口を９００万人から２３００万人に増やしました。台湾でも人口は１００万人から６００万人に増えました。

軍閥割拠《ぐんばつかっきょ》で安全に暮らすことができなかった支那大陸において、満洲国は唯一「法」と「秩序」の保たれた国でした。だからこそ、安住の地を求めて支那全土から多くの人が満洲国に流入しました。

そもそも、満洲国が建国される前まで満洲地域は荒野であり、３００万人程度の人口しかありませんでした。ところが、１９３２年（昭和7年）に満洲国が建国されるころには３０００万人、１９４０年（昭和15年）ごろには４０００万人へと急速に人口が増えたのです。植民地が搾取であり、旧日本軍が残虐行為ばかり行っていたとしたらまったく説明できない現象です。

確かに、朝鮮、台湾、満洲は植民地でしたが、技術移転と多額の投資なくしてこのような人口急増を説明することは不可能です。法的な秩序を維持する軍隊や警察が駐留し、社会的なインフラを整備することに莫大なコストをかけて、しかも民間の投資を呼び込んで働く場所までつくる。もちろん、現地の資源や労働力を使いますが、それは現地に産業を興《おこ》すためであり、結果として人口が増えるのです。

このビジネスモデルは、現在の「海外投資」と何が違うのでしょうか。投資して技術を移転することにより、現地では産業が興ります。支那共産党は「文化大革命」で疲弊した状況を脱するために、日本を利用しました。経済特区が設定され、パナソニックをはじめとした多くの企業が、戦争被害のお詫びのつもりで進出していきました。1989年（平成元年）の「天安門事件」で、世界から孤立した支那を救ったのも日本です。

朝鮮には「ひとの両親の病気に指を詰める」ということわざがあります。これは、李氏朝鮮時代にあった、両親の病気がなかなか治らないとき、息子が指を切って指から出てきた血を供養するという風習を元にしていることわざです。当時の朝鮮では「指詰め供養」は最高の孝心の表れであり、一種の秘法と言われていました。

李氏朝鮮にはこれ以外にも、「乳出しチョゴリ（長男を生んだ女性は乳房を露出）」「割股供養《かっこくよう》（病気の親に内股の肉を切って捧げる）」「嘗糞《しょうふん》（大便をなめて体調を診断する）」といった迷信に基づいた風習がたくさんありました。これらをすべて禁止したのは、日本の朝鮮総督府です。これは朝鮮半島の美しい伝統を踏みにじったことになるのでしょうか。

もちろん、オランダ、スペイン、ポルトガルなどのように、植民地にしたる投資もせず、搾取ばかりし続けてきた国があったのも事実です。しかし、これらの国々は、結果的に植民地経営に失敗し、国際社会の表舞台から後退していきました。南米のスペイン、ポルトガルの植民地は戦前に次々と独立し、オランダ領だったインドネシアは大東亜戦争のときに日本によって解放されました。

植民地というと搾取の象徴のようにレッテルを貼られていますが、本国からの投資と技術移転により、その地域の文化、文明を高めたことを見落としてはいけません。

戦争に直結する、3つの経済的な原因 ～ピグーの『戦争の政治経済学』

これまでにも、経済学的な立場から戦争を語った人は数多くいます。いわゆる経済学が戦争を扱った論文としては、第一次大戦終結後に、アーサー・ピグーやジョン・メイナード・ケインズ、ジョン・ガルブレイスなどが発表しています。１９２１年（大正10年）に出版されたピグーの『戦争の政治経済学』では、戦争の経済的な原因として以下の３つの項目を挙げています。

①　支配の欲求と利益への欲求
②　製造業者・貿易商・金融業者による膨張政策への支持、つまり政治的帝国主義の後押し
③　兵器製造業の利益追求

③の「兵器製造業の利益追求」というのは、後世批判される「軍事ケインズ主義」だと言ってもいいでしょう。

ケインズは「市場の失敗を修正するために、国家が介入すべきときがある」と説きました。不況時は公共事業を行うことで需要を喚起し、景気が良くなってきたら公共事業を縮小し財政赤字を解消する。これがいわゆる「ビルト・イン・スタビライザー（自動安定化装置）」です。公共事業には、当然「軍備拡張」も含まれます。

ガルブレイスは、国家による市場への介入が行き過ぎて、「第二次世界大戦」（1939～1945年（昭和14～20年））後の資本主義に不都合が起きたと考えました。なぜなら、ピグーが指摘した兵器製造産業の利益追求のために、国家は永続的に支出を拡大させ、戦争を商売にするインセンティブがあるからです。さらにガルブレイスは、ケインズ主義は軍事支出の増大を招き「軍産複合体」が形成され、それが「テクノストラクチュア（企業官僚）」に支えられて独占資本になってしまったと批判しました。

新自由主義批判をしている左翼を中心に、こういった考えは未だに共有されているようです。「安倍政権は新自由主義なので戦争をするための内閣だ」という論理的な飛躍は、ガルブレイスの軍産複合体批判を理論的な背景に持つものです。

ちなみに、この点については米映画監督のマイケル・ムーアも批判しています。『華氏911』『キャピタリズム』といったドキュメンタリー映画は、まさに軍産複合体がさらに巨大化した状況を批判するものです。

「戦争をすると儲かる」は本当か？ ～ポーストの『戦争の経済学』

それでは、実際に戦争を「投資」や「プロジェクト・ファイナンス」として考えた場合、本当に採算がとれるのでしょうか。この点についてはポール・ポーストの『戦争の経済学』に詳しく書かれています。

ポーストは第二次大戦以降、アメリカがかかわった戦争を詳細に分析することによって、戦争が経済にプラスになる場合のある鉄則を見つけました。ポーストはそれらを「戦争の鉄則」として以下の4条件にまとめています。

①　戦争前のその国の経済状態
②　戦争の場所
③　戦争資源・兵士の動員（戦時動員体制）の量
④　戦争の期間と費用および資金調達法

1つ目の鉄則は、「戦争による経済効果が期待できるときとは、そもそもその国が〝不況〟であることが前提」ということです。戦争によって、政府支出が必然的に増えます。それにより、GDP（国内総生産）が押し上げられます。戦費調達のために通貨発行も盛んになるため、デフレも脱却できます。これこそ、まさに「軍事ケインズ主義」といったところです。

２つ目の鉄則は、「戦場はなるべく本国から遠いところがいい」ということです。第二次大戦においては、国土が戦場となったソ連の被害が一番大きかったのに対して、アメリカは本土が戦場になりませんでした。生産設備等が生き残り、戦後アメリカは世界最大の経済大国になりました。

戦争の場所を考慮する際は、「単に本土を攻撃されないというだけでなく、自国が依存している資源の供給国周辺、および輸送路も戦場にならない」という点が重要です。「湾岸戦争」（１９９０～１９９１年（平成2～3年））や「イラク戦争」（２００３～２０１１年（平成15～23年））などは、アメリカ本土から遠く離れたところで行われましたが、中東の石油供給に対する不安から、アメリカ経済にプラスの影響を与えませんでした。

３つ目の鉄則は、「戦争に動員できる労働力がどれだけ余っているか」ということです。端的に言えば、失業率が高いときほど戦争の経済効果が高いということになります。

また、「生産要素としてのインフラと、民間生産力に戦争に向ける余力があるかどうか」というのもポイントです。第二次大戦時におけるアメリカのＧＤＰ当たりの戦費の割合は、１３２％でした。対してその後の戦争は、「朝鮮戦争」（１９５０～１９

53年（昭和25〜28年））＝31％、「ベトナム戦争」（1960〜1975年（昭和35〜50年））＝8％、湾岸戦争＝1％、イラク戦争＝1％未満でした。これに比例して、経済成長率は、第二次大戦＝69％、朝鮮戦争＝11％、ベトナム戦争＝10％、湾岸戦争＝マイナス1％、イラク戦争＝2％でした。

時代が下るにしたがって、戦争の経済効果が低減しています。その理由のひとつが、「労働集約型」の戦争から、ハイテク兵器による「資本集約型」の戦争への変化です。戦争によって失業率を減らす効果が減少しただけでなく、「平時の生産能力を戦争に奪われる」というマイナス面も出てきたのです。

最後に、4つ目の鉄則を見てみましょう。戦争資金を得る方法は、「国債発行」「増税」「通貨発行」「非軍事部門の政府経費節減」などが考えられます。

もし開戦前の経済状況がデフレ気味であれば、通貨発行が最も適しているでしょう。通貨発行で戦費を調達しつつ、（通貨量が増えるため）デフレ脱却できるので一石二鳥です。逆に、経済状況がインフレ気味の場合は、この方法ではインフレに歯止めがかからなくなるので、かえって経済成長が阻害されてしまいます。

国家が戦争をしない時代

「経済」という観点を持つことによって、戦争の原因について理解を深めることができます。この点をさらに突き詰めていけば、「戦争をひとつのプロジェクトと見なし、その損得勘定を考える」という視点が生まれます。先ほど紹介したポーストの『戦争の経済学』は、まさにその視点で書かれた名著です。

戦争の原因が経済的な問題だとしたら、戦争をすることでそれが解決できなければ戦争をする意味がありません。まして、戦争によって問題がかえって悪化する場合、経済的な理由が戦争を抑止するために役立つこともあります。

ポーストによれば、アメリカは朝鮮戦争までの戦争には経済的なメリットがありましたが、それ以降はプロジェクトとしてはあまり儲からない案件になっているとのことです。現在、中東問題やウクライナ問題などにアメリカが及び腰なのは、経済的なメリットよりもデメリットが大きいという理由があるからでしょう。

さらに、この損得勘定という視点で話を進めるなら、戦争しても得にならないと判断せざるを得ない状況に相手を追い込めば戦争は起きないということになります。

例えば、核保有国同士が相互に核兵器を撃ち合った場合、その被害は甚大ですから、核保有国同士の戦争は自ずと抑制的になります。そもそも、相手国が核兵器を使用せざるを得ない状況に追い込んではいけないわけですから、通常兵器による軍事的な侵攻も難しくなります。

支那は同じ核保有国であるインド北西部ラダック地方に、約1千人の部隊を越境侵入させ、数日間にわたりインド軍とにらみ合いをしました。しかし、これだけ明らかな侵略行為があったにもかかわらず、中印全面戦争には未だに至っていません。

アメリカの核の傘で守られている日本の尖閣諸島にも、支那の公船が押し寄せてきています。小笠原諸島には数百隻の支那漁船が押し寄せ、サンゴの密漁をしていきました。これらの船のなかには対潜水艦用のソナーを積んだ工作船が紛れ込んでおり、その下を潜水艦が通ることはできないと言われています。しかし、支那海軍が本格的に尖閣や小笠原に上陸作戦をしたという話は聞きません。

武力による威嚇《いかく》や民間船や海上警察を使った嫌がらせや侵略行為はあっても、正規軍同士による本格的な戦闘は発生しません。ウクライナで戦っているのはウクライナ政府と分離独立派の武装勢力であり、アメリカとロシアが直接戦っているわけではありません。いわゆる「代理戦争」というやつです。

中東で戦争しているのは、国家の体《てい》をなしていない武装勢力や部族、シリアやイラクのような失敗国家です。いわゆる「国家間の戦争」というものは、核兵器が登場してから激減していますが、その代わりにこういったゲリラなどの「非正規戦争」や「テロ」などが頻発しているのです。

戦争には〝表〟と〝裏〟の理由がある

意外に思われるかもしれませんが、「テロによる経済的な損失は意外に小さい」ことが最近の研究により明らかになっています。経済的な損失の大きさを比べると、「国家間の戦争＞内戦＞テロ」という不等式が成り立ちます。

獨協大学の木原隆司教授は『テロの計量分析序説－発生要因と成長率への影響』という論文のなかで、「国際テロ活動による一人当たり成長率の低下は年０・０４８％に過ぎない」というブルームバーグ、ヘス、オルファニデスの２００４年（平成16年）の研究を紹介しています。彼らは１７７か国、１９６８年～２０００年（昭和43年～平成12年）のパネル・データを用いて、国際テロのマクロ経済に対する影響を他の形態の紛争と比較しながら検証してこの結果を得ました。

「国際テロは平均して成長に有意な負の影響を与えているものの、その影響は二国間戦争や内戦の成長低減効果に比べて極めて小さいこと」「テロが投資支出を減らし政府支出を増やすこと」「テロの発生や経済的影響は先進国と途上国により異なり、ＯＥＣＤ諸国ではそれ以外の諸国よりテロの発生は多いが、テロの成長低減効果は小さいこと」などが示されたそうです。

また、木原氏は２００９年（平成21年）のサンドラ、アルス、エンデルスの研究を引用し、「２００５年（平成17年）のテロによる全世界のＧＤＰ喪失額は１９４億ドルに過ぎず、これは同年のアメリカの国土安全保障費４０２億ドルに比べても小さい金額にとどまっている」という点も指摘します。

これに対して内戦のコストは非常に大きく、１９９８年（平成10年）のコリアによる研究によれば、以下のような経路を通じてその国の経済に大きなダメージを与えるそうです。

①労働者の殺戮《さつりく》、橋梁の破壊等の「資源の破壊」
②陸上輸送の危険性が増すこと等による取引等の「中断」と社会的不安
③軍隊の軍備増強に比較して警察力や法の支配が弱まり、契約実行のコストが高

まること等に代表される、生産的活動からの公的支出の「転用」
④ 所得減少が一時的と認識され消費が減少しないことから起こる「負の貯蓄」
⑤ 内戦当事国からの物理的・人的・金融資産の流出に見られる「ポートフォリオ代替」
（出典：『テロの計量分析序説－発生要因と成長率への影響』（木原隆司／２０１４））

このように、戦争は国家間の「戦争 ＞ 内戦 ＞テロ」という順番に大きなダメージを蒙《こうむ》るリスクがあります。特に、核保有国同士の戦争は最後までエスカレートすることが双方の滅亡を意味するため、通常兵器による戦闘ですら最終的な核戦争に移行しないように相当程度の注意が払われるわけです。

逆に、内戦やテロ攻撃などは核戦争へのエスカレーションが限定的であるため、国家間の戦争を代替するかたちで世界中に広がりました。冷戦時代はそれでも「大国の代理戦争」という枠組みがありましたが、今はイスラム国との戦闘にみられるように、相手が国家ですらない場合も多く、ほとんど何でもありの状況になっています。

戦争はある目的を達成するための手段ですから、よりコストの安い方法があるならそれに越したことはないわけです。このように、戦争当事者にとってのメリット、デメリットを考えることは、まさに経済学における「インセンティブ論」に相当します。

戦争には、「特定のイデオロギーの実現のため」という〝表〟の理由と、「当事者にとっての経済的メリット（あるいは、メリットだと錯覚されている何か）」という〝裏〟の理由があるわけです。逆に言えば、「これら表と裏の理由が噛み合ったときに、初めて戦争が起こる」ということになります。わかりやすい表の理由に比べて、銭勘定が絡む裏の理由は複雑怪奇です。これを読み解くために、ジオ・エコノミクス（地政経済学）の知見は大きな武器になるでしょう。

「貨幣経済」に移行した大英帝国の強み

歴史教科書では、第二次大戦までの世界経済について、「帝国主義諸国による植民地の取り合い」といったかたちで極めてネガティブ、かつ単純に語られています。しかし、これは先ほど説明した戦争の理由と同様に、物事の表面しか語っていません。

ヨーロッパ、特にイギリスの経済が発達したのは、いち早く「貨幣経済」に移行したからです。イギリスでは17世紀前半に早くも銀行のようなものが誕生し、1694年（元禄7年）には民間企業として「イングランド銀行」が設立されました。18世紀に入ると、ロンドンには株式市場が、地方には多数の地方銀行が設立され、商業取引には預金や小切手が使われるようになりました。

物々交換を前提とした社会で貨幣が補助的に使われているというのが主流だったこの時代において、貨幣経済への全面的な移行には大きなメリットがあります。

例えば、イギリスが強力な海軍をつくろうとしても、特定の部品が物々交換でしか手に入らなかったらどうなるでしょう。ある職人はマストの調達には小麦との交換が必要だと主張し、別の職人は牛乳でもいいと言ったりして、船の完成は大幅に遅れることになります。

これに対して、貨幣を使った場合は、小麦だろうが牛乳だろうが後で交換すればいいわけですから話がかなり早くなります。完成するまでの余計な手間と時間を省き、当時の最先端の技術と豊富な物資をいくらでも調達することができるわけです。

当時、中東との交易は、オスマントルコとベネチア共和国によって独占されていました。ヨーロッパでニーズの高かった胡椒などのスパイスは、独占販売によって価格が不当に吊り上げられていたため、これらの国々の領土、領海を通らない航路の開拓には大きなビジネスチャンスがあったわけです。

イギリスでは、これらのプロジェクトに対する「ファイナンス」が実施されました。

お金を出す人は純粋に「投資」と「利殖」を考え、お金を預かる人は「一攫千金《いっかくせんきん》」を夢見て海賊と商売人の混血のようなプロジェクトに参入したわけです。

もちろん、当初これらのプロジェクトは10隻の船に投資したとしても、首尾よくスパイスをゲットして帰ってくる船は数隻しかありません。そこで、「保険」や「分散投資」といった概念も生まれました。

また、そもそもこういった大規模プロジェクトを何件も同時並行で実現させるためには、貨幣経済の発達と銀行の「信用創造機能」が必要となります。銀行の信用創造機能とは、お金がお金を生み出すマジックのことです。簡単な例で説明しましょう。

例えば、自己資本が100万円しかない銀行でも、その気になれば1億円融資することができてしまいます。まるで魔法のような話ですが、そのカラクリは次のようになります。

① A銀行はBさんに100万円を貸し出し、A銀行にあるBさんの普通預金口座に入金する

② A銀行はCさんに100万円を貸し出し、A銀行にあるCさんの普通預金口座に入金する

資産		負債	
貸出（Bさん）	100	普通預金（Bさん）	100
貸出（Cさん）	100	普通預金（Cさん）	100
貸出（Dさん）	100	普通預金（Dさん）	100
現金	100	資本	
		資本金	100

③A銀行はDさんに100万円を貸し出し、A銀行にあるDさんの普通預金口座に入金する

※これを100回繰り返す

ここまでの一連の取引を銀行の貸借対照表にまとめてみましょう（上図参照）。ちなみに、銀行にとって預金は負債、貸出は資産になります。通常の簿記とは反対なので注意してください。

ポイントは貸出を行う際に、A銀行は自分のところで普通預金口座を開かせて、そこに入金するかたちで貸出を行う点です。もし、現金で100万円を貸してしまったら、相手に100万円が手渡された瞬間に手持ちのお金がゼロになってしまいます。これでは、100万円以上貸出を行うことはできません。しかし、貸し出したお金を自行の普通預金に振り込む限り、現金は手元に残り続けます。

B、C、Dは借りたお金を使って船を買ったり、船員に給料を払ったりします。もちろん、この支払いにも銀行口座を使って行えばいいわけです。今でも、会社の従業員の給料の振り込み先にメインバンクの口座が使われるのはこのためです。

このように、A銀行は元手が100万円しかなくても、自行に開設した口座を利用することによって、300万円の融資残高と300万円の預金残高を保有することができます。100万円の自己資本から300万円が生まれたこの一連の流れを「信用創造」と言います。銀行が貸出を拡大させていくと、実際に世の中に出回っているお金の何倍ものお金が流通することになるのです。

もちろん、融資したプロジェクトが失敗し、投入した資金が回収できなくなると大変です。銀行の貸借対照表の資産が減少し、負債はそのまま残るわけです。例えば貨物船に融資した場合、天候が良い年は船の生還率が高く大きな利益が得られますが、天候が悪い年や中東地域の政情不安で船が襲撃されたりすると、融資は焦げ付いて銀行が倒産するかもしれません。

ちなみに、この図における貸出に対する自己資本の比率は33・3%（100万円÷300万円）です。この比率を何%まで認めるかは通常は政府が規制しています。よって、自己資本比率が3・33%でも良ければ貸出は3000万円まで、0・333%

でも良いということなら3億円まで貸出を伸ばしてもいいということです。当然、自己資本比率が低下し過ぎると、銀行の破たんのリスクもそれだけ増すということになります。

銀行が倒産してしまうと、その銀行が融資している他のプロジェクトも即座に返済を迫られることになります。うまくいっているプロジェクトがあっても、これでは中断せざるを得ません。ロンドンの金融市場も大混乱して、人々の不満は政府（当時は「王政」）に向かうことになります。

投資家も政府も、交易における混乱はできるだけ避けたいというインセンティブが働きます。天変地異はコントロールできないとしても、人災である政情不安などは何とかコントロールしたい。しかし、交易の相手国は軍閥割拠で誰も自分の権利を守ってくれない。そうなれば、自分で事態をコントロールするしか解決策はないということになります。

つまり、安全な港を租借し、周辺地域を植民地としてコントロールすることができれば、プロジェクトを危険に晒《さら》すリスクを軽減できるということになるわけです。「白人が有色人種を差別して奴隷にした」といったイデオロギーだけでは説明できない複雑な事情とはまさにこれなのです。

イギリスが開発した一連のシステムは瞬く間にヨーロッパ各国に伝播《でんぱ》し、海を越えてアメリカや日本にも伝わっていきました。さらに、取り引きされる商品も価格破壊を目的としたスパイスだけに限らず、綿花やワインなどの日用品から、アヘンや奴隷といった今では取引が禁止されているものまで広がりました。20世紀に入ると、このシステムによって世界中がカバーされ、牧歌的なスパイス貿易のころとはかなり様相が異なってきました。

「金本位制」の致命的な欠陥

市場が飽和してくると、各国の貿易取引は密接な結びつきを持ちます。同時に、各国の貨幣経済が他国にも影響を与えるようになるわけです。しかし、このころ世界の常識であった「金本位制」というシステムに重大な欠陥がありました。

金本位制とは、「各国通貨は必ず金と交換できることが保障されているという仕組み」です。金と貨幣の交換レートは固定されているため、各国の通貨は金1オンス当たりの交換比率に従ってやり取りすることも可能です。

なぜ金にこれほど絶大な信用力があったのかは歴史的な経緯ですのでここでは深入

りしませんが、未だにこの信仰は多くの人に信じられていることは確かです。「世の中には〝富の源泉〟がある」という考え方です。

さて、このシステムの最大の問題点は、金が金属であり、新たに金山が開発されない限りその量が増えないということです。これに対して、人類の文明の発達の速度は早く、より多くの富を幾何級数的に生み出していきます。

金の産出量がこれに追いつかないと、人間がつくる商品よりも金の価値のほうが高くなってしまいます。鉱山に埋まっているだけのただの金属と、人々の労働の結晶である商品と、本来はどちらの価値が高くあるべきでしょうか。

文明が発達するためには、常に商品の価値が高くなければいけません。そうでなければ、新しい技術開発や効率化にインセンティブは生まれず、人々は金属である金を貯《た》め込むことに熱中してしまいます。まさに近年日本が陥ったデフレの発生と同じメカニズムによって、経済は大きく停滞することになるわけです。

イギリスから始まった資本主義の波は、確かに世界中に伝播しましたが、同時に伝播した金本位制の欠陥ゆえにたびたび大きな不況が発生しました。カール・マルクスはこの点を突いて、「資本主義には構造的欠陥がある」などと主張し、プロレタリア独裁による「共産主義」を説きました。もちろん、金本位制の欠陥は共産主義で解決できるはずはありません。マルクスに騙されてしまった人には気の毒ですが、金本位制を止めない限り、金の足かせからは逃れることはできないのです。

第一次大戦後に世界中を襲った大恐慌「世界恐慌」も金本位制が原因です。戦争が発生したことによってヨーロッパ各国は一時的に金本位制を離脱し、貨幣を大量発行して軍備増強に使いました。戦争が終わって平和になったので、多くの国が金本位制に戻ろうとします。なぜなら、それが当時の常識であり、思い込みだったからです。

ところが、戦前の交換レートで金本位制に復帰するためには、すでに大量に発行してしまった貨幣を吸収して減らす必要があります。貨幣を吸収するには利上げが必要です。しかし、無茶な利上げをすれば景気が悪くなります。大きな需要を見越して銀行から多額の融資を受けて生産設備を建設したにもかかわらず、利上げによって景気が悪化すれば製品が売れなくなってしまいます。

また、銀行からの融資を借り換えする際には以前よりも高い金利を要求されることになり、金利負担に耐えられず企業は倒産してしまいます。従業員は失業するため、生活を切りつめて消費しなくなります。この悪循環によってますます景気が悪くなるわけです。

本来やるべきは金本位制の停止であり、現在のような変動相場制による「管理通貨制度」への移行でした。しかし、当時の政治家たちは「ブロック経済」や「戦争」といった誤った手段でこれを解決しようとしたわけです。

日本は各国に先駆けて１９３１年（昭和６年）に金本位制を離脱したにもかかわらず、長期停滞のトラウマから国民世論は抜け出すことができませんでした。牧歌的なアジア主義や米英陰謀論などにハマって、「支那事変」（１９３７年（昭和12年））から「対米開戦」（１９４１年（昭和16年））へと誤った判断を繰り返してしまったのです。

「経済戦争」という言葉は、バカが使う言葉

「経済戦争」といった考え方は、イギリスの「重商主義」という２００年前に完全論破された考え方にその源流があると思われます。国家間の競争を企業のシェア争いのように捉え、「輸出が勝ち」で「輸入が負け」という不思議なルールで勝ち負けを判定する、戦争もどきの考え方です。しかしこの言葉には、経済学的な根拠はまったくありません。

この延長線上で、未だに貿易収支の「赤字は負け」「黒字は勝ち」といった言い方をするバカな人たちがたくさんいます。特に日本のマスコミにおいては、貿易赤字は

「転落」するものであり、貿易黒字は「獲得」するものだそうです。

さて、「そもそもなぜ輸出をするのか」を考えれば、重商主義の呪いは解くことができます。ある国が輸出をするのは、より多く輸入するためです。例えば、日本は自動車をたくさん輸出して得たお金を使って、日本では得られない石油や天然ガスを輸入しています。そのエネルギーを使って、日本人は豊かな消費社会を築いているわけです。

もし、自動車の輸出を止めれば、エネルギーの輸入も止まります。生活レベルは江戸時代まで戻ることになりますが、国民はそれに耐えられるでしょうか。電車も自動車も動かなければ、飛行機も飛びません。電気もないので家電製品はすべて使えません。人々は燃料を求めて山に分け入り、至る所禿山になって土砂崩れが起こるでしょう。尖閣諸島に外国の軍隊が押し寄せても守ることはできません。

輸入がゼロになれば貿易戦争には勝ったことになるのかもしれませんが、その国は衰退することになります。輸出だけして輸入をゼロにすることは絶対に不可能です。

これはデヴィット・リカードの「比較優位の法則」として知られる経済学の知見です。すべての製品を自国でつくり出すより、交易を盛んにしたほうがより少ない労働投入量で多くのモノが得られます。

例えば、今、世界に「ベトナム」と「日本」という2つの国しか存在せず、取り引きする品物が「靴下」と「自動車」しかないという状況を仮定してみましょう。それぞれの国が2つの品物を生産するために必要な労働力は次のとおりです。

〔ベトナム〕
靴下1万足をつくるのに4人の労働者、自動車1台つくるのに8人の労働者が必要

〔日本〕
靴下1万足をつくるのに3人の労働者、自動車1台つくるのに2人の労働者が必要

日本のほうが自動車、靴下ともにベトナムの生産性を上回っているため、日本が圧倒的に有利なように見えます。しかし、実際には日本の労働力は有限であるため、靴下をつくった分だけ自動車に回せる労働力が減ることになります。ここがポイントです。

そこで、それぞれの国の「機会費用」を求めてみましょう。

〔ベトナム〕
靴下1万足　⟶　自動車0・5台分の労働力
自動車1台　⟶　靴下2万足分の労働力

〔日本〕
靴下1万足　⟶　自動車1・5台分の労働力
自動車1台　⟶　靴下0・66万足分の労働力

日本が靴下1万足を生産するには自動車1・5台分の労働力が必要ですが、ベトナムは自動車0・5台分の労働力で済みます。この状態を「ベトナムは靴下に関して、日本に比較優位である」と言います。

逆に、日本が自動車1台生産するには靴下0・66万足分の労働力で済みますが、ベトナムは靴下2万足分の労働力が必要です。この状態は、「日本は自動車に関して、ベトナムに比較優位である」と言えます。

このとき、各国は比較優位である財を輸出して、比較劣位にある財を輸入することで、双方とも今までより得をすることができます。

例えば、日本とベトナムがある年に、自動車1万台、靴下1万万足ずつ必要だと仮定すると、貿易をしたときと貿易しなかったときで次のような差が生まれます。

貿易しない場合

〔ベトナム〕
靴下1万万足をつくるのに4万人の労働者
自動車1万台をつくるのに8万人の労働者
……合計で12万人の労働者が必要

〔日本〕
靴下1万万足をつくるのに3万人の労働者
自動車1万台をつくるのに2万人の労働者
……合計で5万人の労働者が必要

貿易する場合

〔ベトナム〕

国内向け靴下1万万足をつくるのに4万人の労働者
輸出用の靴下1万万足をつくるのに4万人の労働者
……合計で8万人の労働者が必要

〔日本〕
国内向け自動車1万台をつくるのに2万人の労働者
輸出用自動車1万台をつくるのに2万人の労働者
……合計で4万人の労働者が必要

貿易する以前は、ベトナムと日本で合計17万人の労働者が必要でしたが、貿易することによって12万人の労働力だけで済むことがわかります。より少なく働いてより多くの財を得られるということは、それだけ豊かになったということです。

また別の言い方をすれば、日本とベトナムのように圧倒的な技術力の差があっても、それでも技術力の劣るベトナムは、日本に対して売るものがあるということにもなります。

もちろん、靴下と自動車でも成立するこの法則は当然、原油と自動車でも成立します。自由貿易をする限り、技術力がなくても、生産性が低くても、必ず売るものがあるのです。

大東亜戦争によって焼け野原になった日本は、当時資源もなく、技術的にも欧米諸国に後れを取っていました。しかし、この比較優位を使って貿易を盛んにし、結果的に「高度経済成長」を成し遂げたのです。

仮に、高度成長によって日本人が搾取されていたのなら、生活レベルは改善しないどころか悪化したことになるはずです。ところが、実際はまったくそうではありません。交易を通じて、貧しくて技術力のない日本はどんどん発展して、生活水準は劇的に改善しました。

当時はまだ欧米のほうが技術力が上だったにもかかわらず日本の輸出産業が伸びたのは、まさにこの比較優位のおかげです。高い技術力で良い製品をつくらないと貿易戦争に勝ち抜けないなどというのは、企業間の競争を描写しているだけであって、国と国との貿易について語る場合は不適切であるとしか言いようがありません。

第一部

【第一次世界大戦までの世界経済の動向】

「金本位制」が世界経済を成長させ、そして、奈落に突き落とした……

「金本位制」がやってきた！

大東亜戦争はなぜ起こったか。この問いをジオ・エコノミクス（地政経済学）の見地から読み解くためには、第一次世界大戦前夜まで、時計の針を戻す必要があります。そして序章でも触れましたが、第一次大戦前の経済状況を語るうえで避けて通れないのが「金本位制」です。

前述のとおり、金本位制とは「政府が発行する通貨の裏付け資産として金の保有を義務付ける制度」のこと。わかりやすく言うと、「ある人が紙幣や銀貨、銅貨などを銀行に持ち込むと、一定の交換レートに従って必ず金に交換できる」という仕組みです。

今、私たちが使っている日本円（例えば1万円札）は単なる紙きれであり、それ自体には何の価値もありません。燃やして暖を取るなら炭のほうがいいでしょうし、鼻をかむならティッシュペーパーのほうが便利です。それでもその紙きれに1万円の価値があるのは、誰かが必ず1万円として受け取ってくれるからです。

そして現在は「管理通貨制」ですから、特に金などの裏付けがなくても政府の、、、信用だけでいくらでも通貨が発行可能です。ところが、19世紀においては政府にはそれほど信用がなかったのか、国際的に価値を認められていたのが金だったからなのか、お金の裏付けに「金保有量」を必要としたのでした。

ちなみに、未だに「日本円が紙くずになる〜!!」などと騒いでいる人がいますが、彼らはまさに19世紀的な「裏付け資産」という発想に囚われています。また彼らは、「日本は1000兆円を超える借金があって、財政赤字で国庫が空っぽなので、日本円の価値を維持できない」とも考えてしまうそうです。確かにそれは、小学生レベルの頭脳であれば受け入れやすい与太話かもしれませんが、実際にはそのような単純な話ではありません。

モノとお金は常にバランスを取る必要があり、一方的にモノが増え過ぎても、お金が増え過ぎても、経済に悪影響が出るのです。自国の財政状態に合わせて貨幣発行量をコントロールするということは、景気が悪くて財政赤字になるとそれに合わせて貨幣量を減らすことであり、デフレを助長して景気をもっと悪くし、より財政状態を悪化させることになります。そうなれば、税収はさらに減ってしまうでしょう。

1870年（明治3年）までの間は、イギリスを除く世界の主要国は「金銀複本位制」を採用していました。金銀複本位制とは「金と銀の交換レートを定めてリンクさせることで、金の不足を補う」という仕組みです。

1850年代の中ごろから、しばらく新しい金山が発見されなくなり、金の産出量の伸びが止まります。しかし、この間に銀の産出量が急増しました。これは技術革新による生産方法の改善によるものです。増えない金と増え続ける銀では、当然「金高銀安」が起こります。これは「銀価格の暴落」を意味します。

もし、金と銀の生産量が同じように変化していれば銀価格は安定しているので、金本位制でも、銀本位制でも、金銀複本位制でも、どれを通貨制度として採用してもまったく問題はないわけです。しかし、銀価格が暴落したことによって、多くの国が金本位制を選択したほうが貿易上有利な状況になりました。

しかも、当時の世界経済の中心だったイギリスは、1844年（天保15年）にいち早く金本位制を確立していました。なぜなら、少し前の1840年～1850年代の中ごろまで、金の産出量が増え続けていたからです。

当時、アメリカ西部とオーストラリアでいわゆる「ゴールドラッシュ」が発生して、多くの金山が発見されました。その結果、世界の金生産は1831～1840年（天保2～11年）の年平均20・2トンから、1851～1870年（嘉永4～明治3年）には192・6トンに急増しました。新たな金山の発見と生産開始によって世界中の金ストックを増加させ、貨幣の裏付けとして多くの国に保有されるようになっていたのです。

イギリスと交易する国々にとって、イギリスの制度を模倣すれば、煩雑な貿易決済業務を効率化し、為替リスクを低減できるメリットがありました。

「普仏戦争」（１８７１年〈明治４年〉）に勝利したプロイセン（ドイツ）は、賠償金で得た大量の金を基礎として、金本位制に移行しました。１８７６年（明治９年）には、フランスが銀の自由鋳造を禁止し、金本位制に移行したことで、英仏独の主要三か国が金本位制になり、大勢が決しました。

１８７０年代に他のヨーロッパ諸国（オランダ、ベルギー、イタリア、スイス、デンマーク、ノルウェー、スウェーデンなど）が相次いで金本位制に移行し、１８９７年（明治30年）には日本とロシア、１９００年（明治33年）にはアメリカも金本位制に加わり、国際的な金本位制度が確立したのです。

島国のイギリスが「経済大国」になった理由

19世紀は、国際的な貿易取引が急拡大した時代です。金本位制は貿易決済を効率的に行ううえで、極めて優れた制度でした。

イギリスは世界中に植民地を持ち、そこに外国為替業務や貿易決済業務を行う銀行が進出しています。全世界の人々が貿易取引をする際に、これらの銀行を通じてポンドによる口座決済をすることができるわけです。

その際、為替レートが不安定だと、契約したときと納品したときのタイムラグによって、思わぬ損失を蒙る可能性があります。しかし、金本位制によって各国通貨が必ず金と交換されることが保障されていれば安心です。

しかも、実際に重たい金を運ぶ必要はなく、イギリスの銀行の支店網を通じて口座決済が可能です。輸出代金と輸入代金が均衡していれば、資金の移動すら不要です。ロンドンの本店に保管されている金の所有者を変更すればいいわけです。ちょっと複雑なので、簡単な思考実験をしてみましょう。

〔日本から生糸をアメリカに輸出し、アメリカから自動車を日本に輸出する場合〕

① アメリカ人の顧客は、生糸代をロンドンにあるA銀行の口座から、同じくロンドンにある日本の業者が持っているB銀行の口座に10万ポンド振り込む

② 日本人の顧客は、自動車代をロンドンにあるB銀行の口座から、同じくロンド

ンにあるアメリカの業者が持っているA銀行の口座に11万ポンド振り込む

まとめると……

① A銀行は、B銀行に10万ポンド払う＝B銀行は、A銀行から10万ポンドもらう
② B銀行は、A銀行に11万ポンド払う＝A銀行は、B銀行から11万ポンドもらう

10万ポンドのやり取りについてはお互いに「行って来い」なので相殺し、差額の1万ポンドだけB銀行からA銀行に支払うと資金の辻褄は合います。わざわざ日本からアメリカに金塊を運ばなくても、横浜にあるイギリスの銀行の支店に行って送金の指示だけすればあとは安全に決済が完了するわけです。しかもポンドは、いざというときに「いつでも金と交換」できます。

さらに、その約束は世界最強の軍隊を持つイギリス政府が保証しているのですから安心です。海賊に襲われたり、詐欺にあったり、偽札をつかまされたりするリスクはゼロです。何て素晴らしい！

このように、19世紀の世界貿易はイギリスが確立した「国際金本位制度」というインフラを使うことで飛躍的に進歩しました。それはまるで電子マネーのＳｕｉｃａが、

あっという間に全国で使えるようになったほどの衝撃でした。このような多角的決済網が成立した時代に、日本は明治維新を迎え、工業化をスタートさせたのでした。

金本位制が「デフレ」を誘発する

さて、いいことずくめのように思われた金本位制ですが、思わぬ落とし穴がありました。それは、〝金〟という金属の宿命ともいえる重大な欠点に起因しています。多くの国が貿易を盛んにし、さらに「第二次産業革命」によって各国が大量生産時代に入ると、決済に必要な通貨の原資である「金の量」が不足するようになります。モノが大量に生産されるにもかかわらず、お金の増加量が足りなければお金不足になります。お金不足とは「デフレ」のことです。

極めて残念なことに、金本位制を採用する限り、その国の金の保有量を上限として、それ以上のお金を供給することはできません。なぜなら、金の保有量を越えて大量の通貨を発行すると、人々が金との交換を求めて銀行に殺到したときに対応できなくなるからです。それは金本位制の崩壊を意味します。当時の人たちにとって、それは金融システムの崩壊そのものでした。

図1　全世界の金生産と金ストック

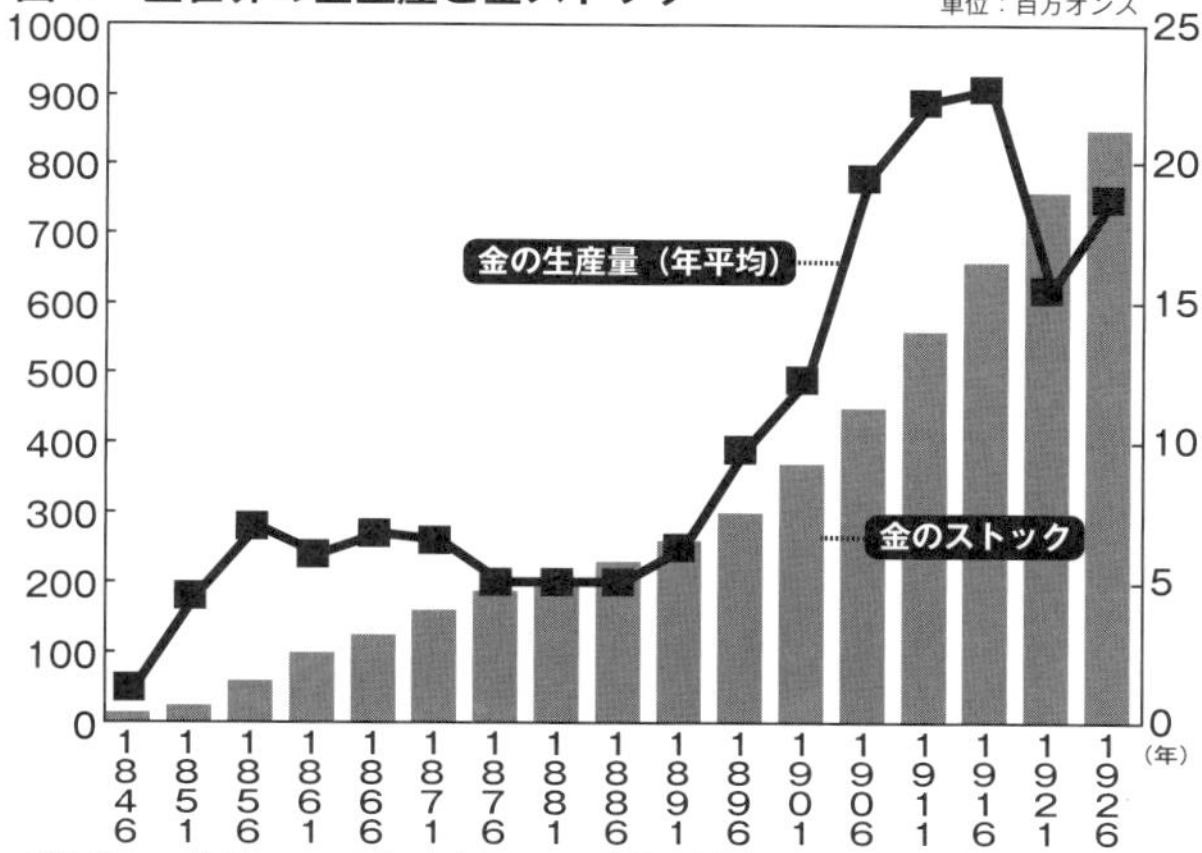

出典：George F. Warren and Frank A. Pearson, Gold and Prices. John Wiley & Sons, Inc. 1935

しかし工業や貿易が発展すると、取引量が急増し、決済通貨が不足することになります。この通貨不足の状況は、金本位制を止めるか、新たな金山が発見されるかしない限り解決することはできません。

もちろん、ここまで整ったインフラを放棄することはできません。この時期に、「金本位制を離脱する」という選択はあり得ない状況でした。金本位制は、「慢性的な通貨供給不足を招きやすい」という重大な欠陥を内包したまま世界中に広がってしまったのです。

通貨不足が起こりやすいということは、「デフレ期待」を醸成しやすいということでもあります。その後、世界中を長期的な経済の停滞に陥れた原因の大部分は金本位制が持つ「デフレを誘発しやすいという〝構造的な欠陥〟」によるものだったのです。

前ページのグラフ（図1）をご覧ください。金本位制の欠陥さえ知っていれば、このグラフを見るだけで多くのことがわかります。おそらく、みなさんはもう歴史教科書を読まなくても、いつ、何回デフレの悪影響が世界を襲ったのかを類推することができるのではないでしょうか。

１８４０年代から１８５０年代なかばまでの間に大幅に増加した金の生産量は、その後微減しながら１８９０年代なかばまで横ばいとなります。このグラフの示唆するところは、19世紀前半は景気が良く、１８５０年代後半あたりから景気が悪くなってデフレに陥るということです。

大規模な景気の後退は、多くの失業を生み、そのたびに人々の心が乱れ、社会が混乱します。これまで相手にされていなかった極端な考えが、まるで救世主のように人々にもてはやされるのもこの時期です。そして、民主主義国家が民意に基づいて戦争に突入していくわけです。

実際に、歴史的事実を確かめてみましょう（図2、3参照）。確かに19世紀後半にイ

図2　各国の成長率

(年平均 %)

年	1850-1873	1873-1896	1873-1886	1886-1896	1896-1913
アメリカ	3.6	4.5	5.0	3.9	4.6
イギリス	2.4	1.9	1.6	2.2	1.8
ドイツ	2.8	2.3	1.5	3.3	2.7
デンマーク	1.8	2.4	2.0	2.9	3.2
スウェーデン	N.A	2.1	1.6	2.7	3.3
フィンランド	N.A	2.6	1.9	3.4	2.9
ノルウェー	N.A	1.6	1.1	2.3	2.7

注：ドイツについては実質国民所得
出典：ESRI Discussion Paper Series No.62「19世紀のデフレーションはなぜ始まり、なぜ終ったのか」

図3　生活費上昇率

(年平均 %)

年	1850-1873	1873-1896	1873-1886	1886-1896	1896-1913
アメリカ	1.6	-1.6	-2.2	-0.8	1.0
イギリス	0.8	-1.7	-2.4	-0.7	1.2
ドイツ	3.1	-0.5	-1.2	0.6	2.0
デンマーク	1.3	-1.2	-1.5	-0.8	1.6
スウェーデン	1.5	-0.9	-1.6	0.0	1.6
フィンランド	N.A	-0.6	-1.4	0.5	1.9
ノルウェー	N.A	-0.8	-1.8	0.5	1.7

出典：ESRI Discussion Paper Series No.62「19世紀のデフレーションはなぜ始まり、なぜ終ったのか」

ギリスを中心として大不況が襲っていました。いわゆる「ヴィクトリア均衡」と呼ばれているイギリスの経済停滞期です。イギリスでは、1873年（明治6年）から1896年（明治29年）までの間に、物価が32％も下落する大デフレが起こっていたのです。

しかし、日本ではヴィクトリア均衡が「良いデフレ」の例として使われることがあります。なぜなら、ヴィクトリア均衡期23年間の実質経済成長率は平均1・9％であり、大不況前の23年間の実質経済成長率が平均2・4％であったことに比べると、あまり変わらないということらしいのです。確かにこの時期は、大英帝国が世界の海を支配した時期であり、歴史上イギリスが絶頂期にあったことは否定できません。

しかし、実質経済成長率の落ち込みが0・5％というのは、決して軽微ではありません。例えば、日本の長期デフレにおいてもその害悪を最も蒙ったのが、非正規雇用の人々、若年層や女性であったのと同じように、イギリスにおける0・5％の成長率の落ち込みは、労働者階級へのしわ寄せによって多大な負担を強いるかたちで調整されました。

デフレ不況が「労働者」と「植民地」の人々をとことん苦しめた

この時期、イギリスの労働者の悲惨な状況に対して大いに問題意識を提示したのは、社会主義者のカール・マルクスとその盟友フリードリヒ・エンゲルスです。

エンゲルスはその著作『イギリスにおける労働者階級の状態 19世紀のロンドンとマンチェスター』のなかで、「労働者の仕事はたいていの労働部門において、毎分毎分繰り返され、毎年毎年変わることのない、つまらない、まったくの機械的操作に限られている。幼児から毎日12時間もそれ以上も、ピンの頭をつくったり、歯車ややすりで磨いたり、それ以外の点でもイングランドのプロレタリアのような状況のなかで生活してきた者が、30歳代になっても、どれほどの人間的な感情と能力を持ち続けていられるというのか」と告発しています。

当時、「労働法」は整備途中であり、「労働時間」は基本的に12時間、ところによっては朝5時半から夜8時半まで15時間操業も当たり前という〝究極のブラック企業〟だらけでした。しかも、13歳未満の子どもも就業しており、これも大きな社会問題となっていました。

現在、沖縄で「支那の植民地化」に勤《いそ》しんでいる左翼のみなさんも、もともとはこういった「労働者の悲惨な待遇を何とかしたい」という純粋な気持ちから運動を始めたはずです。皮肉なことに、現代にこれほどの搾取をしている国は、名ばかりの「共産主義国家」の〝支那（中華人民共和国）〟をおいて他にありません。その支那を応援するなんて……。今の日本のプロ市民を見て、マルクスやエンゲルスは草葉の陰で泣いていることでしょう。

ヴィクトリア均衡期におけるイギリスは、「実質成長率」はそれほど落ち込みませんでしたが、価格の下落に対応したコストダウンは「賃金カット」や「労働強化」というかたちで即座に実施されました。デフレの悪影響は、主に労働者に重くのしかかり、社会的な不満は鬱積していったのです。

賃金カットやサービス残業など、まるで平成不況の日本を見るような話ですが、実は歴史上誤ったデフレ政策によって労働者が犠牲になるということはよくあります。当時イギリスの後を追いかけていたヨーロッパ諸国においても、労働者の状況はたいして変わりませんでした。

景気が良くて、仕事が順調なら誰にも見向きもされなかったであろう共産主義は、デフレのおかげで、イギリスだけでなく全ヨーロッパで労働者たちの期待を引きつけたのです。まさに、デフレの真っただなかで「民主党政権」が成立した日本のように、経済的に困窮した当時のヨーロッパの労働者たちは極端な考えに縋りついてしまったのです。

これが、現代日本のデフレ派が礼賛しているヴィクトリア均衡の実態です。労働者にデフレのツケを押しつける経済状況が、本当に「良いデフレ」なのでしょうか。もしこの時期に、ヨーロッパやアメリカがデフレにならなければ、世界経済はより成長し、労働者階級の人々も豊かになるはずでした。

しかし、金本位制による足かせによって、イギリスがコケたら他の国もみなコケてしまいました。現在のような「社会保障制度」や「労働法」による労働者の保護もない時代に、資本家たちは容赦なく物価の下落に合わせて賃金をカットしました。そして、その余波は本国だけではなく植民地にも及びます。

19世紀における植民地に対する苛烈な搾取というのは、まさにこのような時代背景があったと考えてください。国内における賃金、待遇の調整と同じことを植民地でも行い、それが植民地の人々の経済的な困窮につながっていたわけです。

マルクスの大きな勘違いとは？

労働者たちを苦しめ、マルクスが「革命を起こさないと終わらない」と断言していた「資本主義の限界」＝「デフレ」ですが、１８９６年（明治29年）に南アフリカとカナダで新たな金山が発見されるとあっけなく終了してしまいました。

しかもこの時期に、金の抽出率を高める「青化法」が開発されました。この青化法によって、金の含有率が低くて捨てるしかなかった金鉱石からも金を抽出することができるようになったのです。

金の産出量が大幅に増えれば、それに伴ってお金の発行量も増加します。ヴィクトリア均衡はお金不足によって発生したのですから、お金の発行量が増えれば当然収束します。それはまるで日銀の黒田《くろだ》東彦《はるひこ》総裁が大規模な「金融緩和」（通称：黒田バズーカ）を発表した途端に日本が趨勢《すうせい》的にデフレから脱却し始めたのと同じことです。私たちリフレ派が、「金融緩和を即座に実施すればデフレから脱却できる」と主張してきたのは、こういった歴史的事実を踏まえての話なのです。

ちなみにこれは私個人の意見ですが、「速やかにデフレを脱却すること」の最大のメリットは、19世紀におけるマルクスのような極端な考えを持った人物に、人々が救済を求めて群がることを未然に防げるということです。

その後の歴史を見ればわかるとおり、共産主義者が国政を牛耳《ぎゅうじ》った国には、人々の抑圧と虐殺が横行しました。人間の理性なるものは、決して神の代わりにはなりません。人は必ず間違えます。「絶対的に正しいこと」など、それこそ絶対にわからないはずです。しかし共産主義は、自分たちが「絶対的に正しい」と断言するわけです。大変恐ろしい連中だと私は思います。

世界一有名なトンデモ本『シオン議定書』

この時期流行したアブナイ思想がもうひとつあります。それは、「反ユダヤ主義」です。これはヨーロッパにおいて、何度も繰り返されてきた病気みたいなものかもしれません。ヨーロッパでは、古くからユダヤ人は差別されており、彼らは「商業」や「金融業」といった、身分や宗教上の理由からキリスト教徒が就きたがらない仕事を営んでいました。

ところが、近代資本主義の発達によって、俄然商業、金融業の重要性が増し、突如としてユダヤ人が平均以上に裕福になりました。そのため、ユダヤ人は嫉妬の対象になってしまったのです。

1900年（明治33年）ごろに世に出た『シオン議定書』は、その集大成とも言っていい有名な〝偽書〟です。メイド・イン・ロシアのこの偽書は、当時ユダヤ人を弾圧していた警官によって書かれた荒唐無稽《こうとうむけい》な与太話（ユダヤ人を貶《おとし》めるためにつくられた話）です。何でも、「ユダヤ人の長老が集まって世界支配に向けた作戦計画を練った」のだそうです。おかしいですね、ユダヤ人の宗教指導者は「ラビ」と言って、別に長老とは限らないのですが……。

現代のインターネット社会では、このような雑な与太話は、2014年（平成26年）末に民主党が仕込んで大失敗した「非実在小学4年生」のようにソッコーばれてしまいそうな単純な陰謀論なのですが、デフレ不況で困窮した人々にとっては絶好の燃料投下となってしまいました。この後に続く「ドリュフェス事件」やナチスドイツ、スターリンによるユダヤ人虐殺に、この文書は一役も二役も買ってしまったことは歴史上の悲劇です。

しかも、このような荒唐無稽な話を未だに信じているバカな日本人がいることは嘆かわしいことです。ユダヤ人に対する差別を助長して、何が楽しいのでしょうか。へイトスピーチ云々を言っている左巻きの人が、この件を問題にしないのが不思議です。

ちなみに、『シオン議定書』の主語を「日本人」に書き換えると、『田中上奏文』という偽書になります。この偽書は、「田中義一《たなかぎいち》首相が昭和天皇に上奏した」という「日本が世界を支配するまでの作戦計画書」だそうです。これまた未だに信じている人がたくさんいるのが不思議です。

尖閣諸島を侵略しにきた外国船を追い払っても、それが日本の「侵略戦争」になってしまうロジックというのは、まさに日本版シオン議定書＝田中上奏文にその起源があるのです。

新しい金山が見つかるとなぜ急に景気が良くなるのか

1890年代中盤に、南アフリカの巨大金山の発見によりデフレを脱却した欧米諸国は、その後約十年にわたって、短期的な落ち込みはあったものの好況が続きました。これは近代国家の道を歩み始めてまだ30年ほどしか経っていなかった日本にとって、非常にラッキーな出来事でした。

当時の日本は技術的には後進国であり、海外から資金を調達し、その資金で海外から生産設備を購入していました。そして、その設備を使って製品をつくり海外に売ることで少しずつ借金を返していたのです。

もしデフレが続くと、設備を購入した傍から製品価格が下落し、借金の返済が苦しくなります。逆にインフレになれば、設備を購入したときより後になればなるほど製品の単価が上がるわけで、借金の返済は楽になります。世界貿易における日本のプレゼンスは徐々にではありますが、着実に拡大していったのです（図4参照）。

長期のデフレ不況を脱した欧米諸国においては、19世紀の終わりにかけて「アール・ヌーヴォー（新しい芸術）」という運動が起こりました。「衣食足りて礼節を知る」ではありませんが、食うや食わずの時代が終わったからこそ、人々に芸術を楽しむ余裕が生まれたということです。

１８９５年（明治28年）、まさにイギリスのデフレ脱却の前年に、浮世絵など日本の美術品を扱っていた美術商ジークフリート・ビングが、パリに「アール・ヌーヴォー」というギャラリーを開店しました。この店が起点となり、アール・ヌーヴォーはヨーロッパ全土に広がりました。

その作風は、産業革命的な工業製品のアンチテーゼです。植物的な曲線や左右非対

図４　世界貿易に占める主要国のシェア

単位：百万ドル、％

期間	世界貿易（価額）		アメリカ		ドイツ		イギリス		日本	
	輸入	輸出	輸入	輸出	輸入	輸出	輸入	輸出	輸入	輸出
1881-85	7,700	6,760	(8.7)	(11.5)	(9.8)	(11.2)	(21.3)	(16.7)	(－)	(－)
1886-90	7,890	6,960	(9.1)	(10.4)	(10.8)	(11.1)	(20.2)	(16.1)	(－)	(－)
1891-95	8,390	7,370	(9.4)	(11.9)	(11.7)	(10.2)	(20.7)	(15.0)	(0.5)	(0.7)
1896-1900	9,810	8,690	(7.6)	(13.1)	(12.6)	(11.1)	(20.5)	(14.2)	(1.2)	(1.0)
1901-05	11,940	10,910	(8.1)	(13.1)	(12.2)	(11.0)	(19.2)	(13.2)	(1.4)	(1.2)
1906-10	15,650	14,320	(8.6)	(12.2)	(12.8)	(11.3)	(16.8)	(13.5)	(1.3)	(1.3)
1911-13	19,920	18,320	(8.4)	(12.0)	(12.5)	(11.8)	(15.2)	(13.0)	(1.5)	(1.4)
1913	21,050	19,450	(8.6)	(12.5)	(12.2)	(12.4)	(15.2)	(13.1)	(1.7)	(1.6)

出典：Leaggue of Nations（Hilgert,F）1945／山本和男・吾郷健二・本山美彦訳 1979

称の日本の浮世絵に影響を受けた構図などとても斬新なものでした。アール・ヌーヴォーの代表的な画家の一人で、私も大好きなグスタフ・クリムトの作品は、まさにこの作風を代表するアーティストです。

アール・ヌーヴォーの最盛期は、1900年（明治33年）の「パリ万博」です。残念ながら、それ以降は廃《すた》れてしまいました。しかし、第二次世界大戦後の1960年代になって突如復活し、「ヒッピー文化」に多大なる影響を与えました。

さて、アール・ヌーヴォーは廃れても、ヨーロッパ経済は発展していきました。当時の世界貿易のシステムは、何と言ってもイギリスを中心に動いていました。それはイギリスが、「貿易」と「金融」における主導的な役割を担っていたからです。これを図で表すと図5のようになります。

この図は少し複雑ですが、意味がわかると当時の世界経済の状況が手に取るように理解できますので解説しておきます。

↓と↓の矢印はいずれも貿易収支を表しています。矢印の方向に資金が流れているということです。

イギリスはドイツやフランスといった工業化したヨーロッパ諸国やアメリカからたくさんの製品を輸入し、代金を支払っています。よって、イギリスから伸びた↓の矢印は「工業ヨーロッパ」とアメリカに向かっています。

工業ヨーロッパとアメリカは製品をイギリスに売っていますが、その原料はアフリカ、アジア、中南米から仕入れています。よって、これらの国々から「周辺国」に↓の矢印が伸びています。

「周辺国」にはイギリスの植民地や日本のような同盟国も含まれるため、イギリスはこれらの国々に投資をして、リターンを得ています。よって「周辺国」からイギリスに↓の矢印が伸びています。

イギリスから始まるヨーロッパを経由して周辺国に流れる資金循環と、アメリカを経由して同じく周辺国に流れる資金循環を⇣が示しています。この2系統が、当時の

図5　世界貿易の基本的体系（1909年）

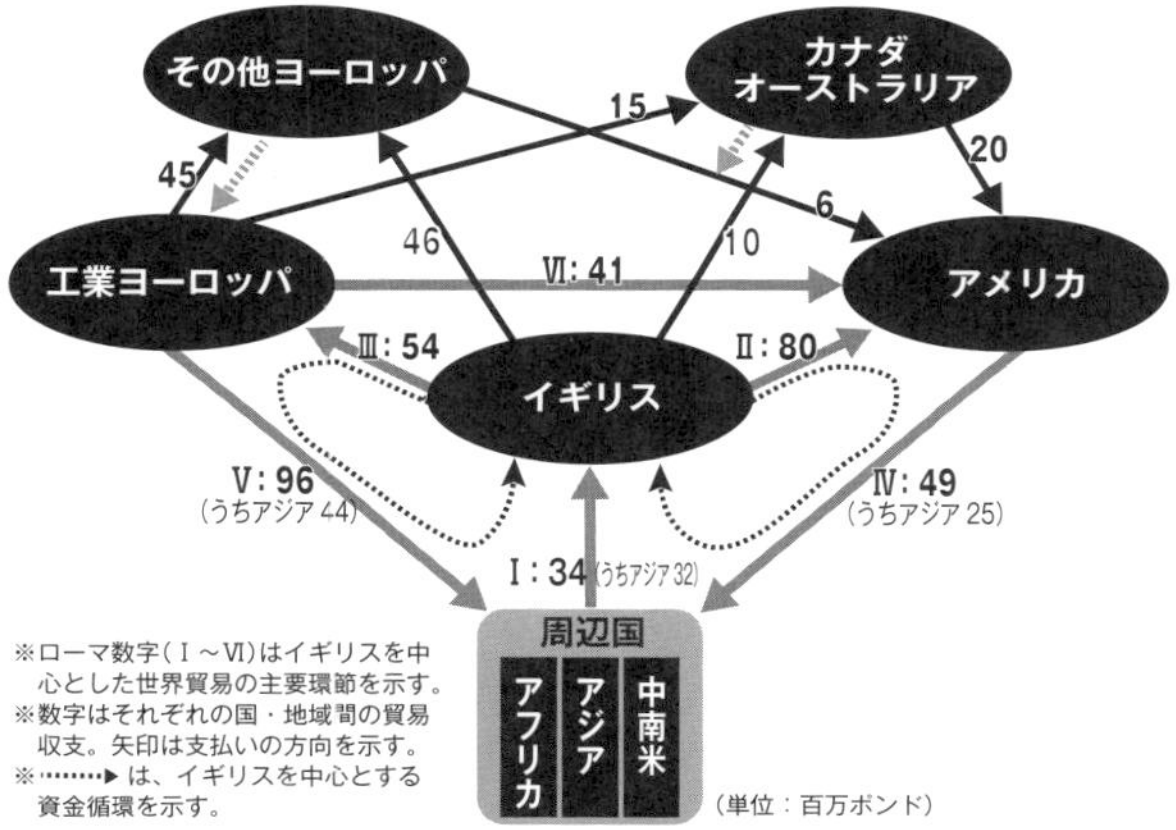

※ローマ数字（Ⅰ～Ⅵ）はイギリスを中心とした世界貿易の主要環節を示す。
※数字はそれぞれの国・地域間の貿易収支。矢印は支払いの方向を示す。
※……▶は、イギリスを中心とする資金循環を示す。

出典：関西大学商学論集 第56巻第2号「日本貿易の発展と構造　1885～1913年」奥和義

世界貿易の大きな潮流でした。これに、他のヨーロッパ地域やオーストラリアなどが補完的に絡んでいると考えてください。

イギリスは製品の消費地であり、工業ヨーロッパとアメリカが生産地、周辺国が原料の供給地という国際分業が成立していたわけです。今で言う「サプライチェーン」です。

国際的な依存関係が進展すると、それに合わせて法律や制度などが整備されます。例えば、ドイツ、フランス、ベルギー、ルクセンブルクといったいわゆる「工業ヨーロッパ」には、鉄鋼業の巨大サプライチェーンが構築されました。

新潟大学の左近《さこん》幸村《ゆきむら》准教授の研究によれば、「1913年（大正2年）にはドイツとベルギーの企業は、フランスのロレーヌ鉄鉱石生産の35％を支配、ルクセンブルクの鉄鉱石の40％を支配、フランス、ベルギー、ルクセンブルクの企業はドイツ鉄鋼カルテルの20％を支配、ルールの三大企業はフランスやベルギーに多額の投資をしていた」そうです。

フランスとルクセンブルクでは鉄が採れても石炭が不足し、ドイツは石炭を豊富に持っていましたが鉄を輸入する必要があったため、このようなサプライチェーンが構築されました。さらに、石炭や鉄鉱石の鉱山の開発資金はロンドンの銀行からファイナンスされていたのです。

左近氏はこのほかにも、入国管理制度の大幅な緩和が人の移動を自由にしたことを指摘します。具体的には「パスポート制度」の消滅です。

このようなことを言うと、「グローバリズムが〜!!」などと騒ぎだす人がいるかもしれませんが、19世紀の西ヨーロッパにおいて人の活動を制限するパスポート制度は不要と見なされ、イギリスは１９０５年（明治38年）の「ユダヤ移民規制」まで、フランスは１９１４年（大正3年）の「第一次大戦」まで、外国人の出入りがほぼ自由になりました。この状況はドイツ、オーストリア、ロシアなどでも似たようなもので、多少制限はあっても今の入国管理に比べるとザルに等しい状況だったのです。

第一次大戦前のヨーロッパは産業の結びつきだけでなく、国境を越えた人の交流も積極的に促す体制でした。しかし外国人が大量に流入することは、かえって人々のナショナリズムに火をつけることになります。各地で発生したユダヤ人排斥運動などは、外国人労働者に対する国民一般の厳しい目線を象徴する事件でした。

とはいえ、ヨーロッパ世界が大きな転換期を迎え、全般的には明るい未来が続くのではないかという雰囲気があったのも事実です。1871年（明治4年）に「普仏戦争」が終結してから、ヨーロッパ大陸では長らく平和が続いていたこともそれを確信させたのかもしれません。

世界経済に大打撃を与えた、アメリカ発「1907年恐慌」

しかし、ここで再び「金の足かせ」問題が浮上します。63ページのグラフ（図1）を再びご覧ください。1900年代なかばから徐々に金の産出量が頭打ちとなり、1910年代なかばを過ぎると急落しています。すでに、ここまで読み進めた読者のみなさんであれば、これが何を意味するのかは十分にわかるでしょう。

第一次大戦が勃発する7年前の1907年（明治40年）、アメリカのウォール街で大規模な株価の暴落が起こりました。学校の教科書で習った「世界恐慌」は1929年（昭和4年）です。これは別の事件なので間違えないでください。世界恐慌の23年前に起こったこの恐慌は、「1907年恐慌」と呼ばれています。日本ではちょうど「日露戦争」（1904〜1905年（明治37〜38年））直後に当たるため、「戦後恐慌」とも呼ばれています。1907年恐慌の教科書的な解説は次のようになります。

1907年の暴落と恐慌を十分に理解するためには、その背景事情を考慮しておく必要がある。当時ホワイトハウスで政権の座についていたのは、共和党のモラリストであった。南北戦争の記憶はまだ人々に新しく、移民の流入が社会の劇的な変化に拍車をかけていた。新技術により人々の日常生活も変わりつつあった。合併屋と、ウォール街にいる彼らのアドバイザーたちは、合併や買収を通じて新しい大規模企業をつくりだしていた。（中略）

米国では1906年まで、経済成長によって景気拡大への期待が高まっていた。ところがカリフォルニアの大震災で、それが打ち砕かれてしまった。

（出典：『ザ・パニック』（東洋経済新報社）ロバート・ブルナー（著）、ジョン・カー（著）、雨宮寛（翻訳）、今井章子（翻訳））

図６　家電を中心とした耐久消費財の国内の世帯普及率推移

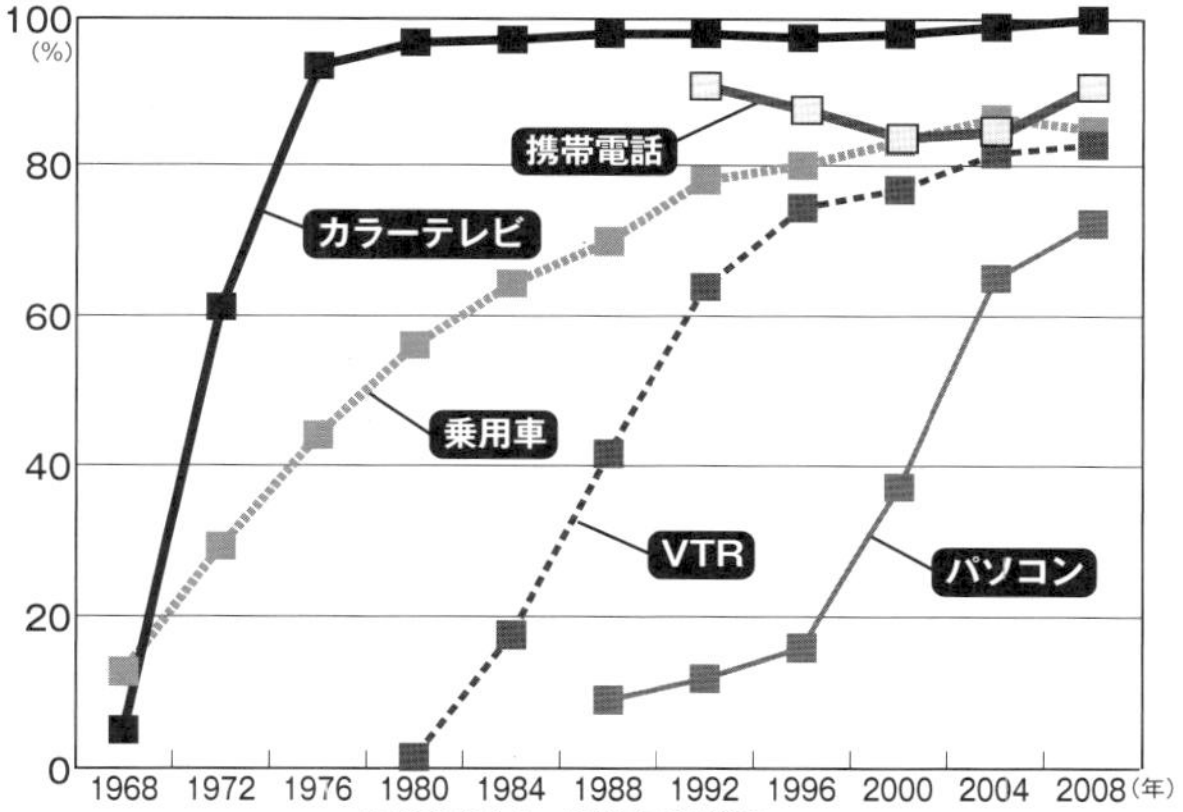

※1966年２月～2009年３月調査
出典：日経BP「家電を中心とした耐久消費財の国内の世帯普及率推移」

前述のとおり、アメリカが金本位制に移行したのは１９００年（明治33年）です。アメリカが金本位制に参加した当初、金の産出量は大幅に伸びていましたが、ちょうど１９００年代中盤に差しかかると右肩上がりから横ばいになってしまいます。

当時、アメリカは新興国で、イギリス相手の貿易で多額の利益を得ていました。技術革新が進んで大量の商品が生産されているにもかかわらず、金の産出量がそれに合わせて伸びていかないと、モノに対してお金が不足してしまうことになります。

しかも、技術革新によってもたらされる生産性の向上は10倍、１００倍というペースで進んでいきます。一般的な普及曲線を見ればわかるとおり、二次関数どころか冪乗《べきじょう》（ある一つの数同士を繰り返し掛け合わせる）で増える勢いです（前ページの図6参照）。

「カラーテレビ」の普及曲線が最も典型的なのですが、1％から2、3年で10％、そこからさらに2、3年で90％程度まで普及が進んでいます。このように、技術革新による大量生産は桁違いの製品の供給と普及をもたらすわけです。

金鉱山では毎年金が採掘され、新しい金が市場に出回っていました。しかし、それではまったく足らないのです。新たな金の産出量そのものが伸び続けなければ、この爆発的な製品の普及には追いつけないということになります。それはモノが爆発的に増えているのに、金の生産がそれに追いつかない状態、つまり「お金不足」を意味します。お金不足とは、すなわち「デフレ」です。

アメリカが1900年に金本位制に移行しなければ、金の不足は銀で補うことができました。前述のとおり銀の生産量は増え過ぎてむしろ暴落していたぐらいですから、爆発的に増える製品需要にバランスさせるにはちょうどよかったかもしれません。

しかし、イギリスを中心として構築された「グローバル・スタンダード」は、金本位制でした。当時、イギリスを相手に貿易取引で巨額の利益を上げていたアメリカが、顧客の意向に沿わざるを得ないのは仕方ないことでした。

20世紀初頭、ニューヨーク株式市場で行われたリアル「カイジ」

金の産出量の伸び悩みは、各国に資金不足という悪影響を与えていました。特に、戦争や天変地異によって資金需要が急増したときには、金融市場が機能不全に陥ってしまいます。なぜなら、人間の都合に合わせて金鉱山を発見することはできなかったからです。

1906年（明治39年）4月18日の早朝、サンフランシスコ市街に近いサン・アンドレアス断層を震源とするマグニチュード7・8の直下地震が発生しました。「1906年のサンフランシスコ地震」として知られる大惨事です。

当時、サンフランシスコ市内に張りめぐらされたガス管が至る所で破裂し、ガスに引火して大火災が発生しました。このときの火災は3日間燃え続け、市街地の大部分が焼失しました。約3000人が死亡し、22万5000人が家を失い、推定被害額は5億2400万ドルに達しました。

巨大地震による被害が発生すると、保険会社は保険金の支払いのために巨額の資金を必要とします。それは、手持ちの株式や債券などを市場で売却し現金を得ようとする動きです。当時は金本位制でしたので、手持ちの株式や債券は主にロンドンの金融市場で金と交換され、交換した金は保険の支払いのためアメリカに輸出されることになります。イギリスにとってはまさに歴史教科書にある「正貨流出」というやつです。しかし、イギリスとしては急にそんなことをされると、自国が資金不足に陥ってしまいます。そこで、金の流出を防ぐために、金利を上げることで対抗しようとします。当時、ロンドンは世界各国が資金調達をする場でした。イギリスの都合で金利が上がると、たちまちその影響は世界中に及びます。

具体的には、世界各国が金利の上昇により資金調達が難しくなり、様々なプロジェクトが中止されてしまうわけです。将来的な事業の拡大を見込んで株を買っていた投資家は、不況の到来を予想して株式を売却します。結果として世界中で株式の暴落が起こってしまったわけです。

元はと言えば、サンフランシスコ地震にともなう保険金の支払いに端を発した、イギリスの対抗措置としての利上げだったのですが、そもそも金本位制などを導入したばかりに少ない金を奪い合わなければいけない事態に至っている点を忘れてはいけません。

仮に、アメリカが金銀複本位制を続けていたなら、自国内で大量に生産される銀を使って、保険金支払いの資金調達は可能だったでしょう。しかし、金しか貨幣としての価値を認めないという制度に移行してしまったばかりに、ロンドンから金を輸入せざるを得なくなってしまったわけです。

このような金融市場における混乱は、イギリスによる金の「過剰防衛」を誘発し、結果として世界全体のお金不足を助長してしまいました。

ニューヨークにおいて、この悪影響はすぐに出始めました。地震が発生してから半年ほどたった1906年9月には、ニューヨークの株価指数は9月をピークとし、徐々に下落に転じました。そして、1907年（明治40年）2月末にはピーク時から7・7％下落します。実はこれが、その後の大暴落の予兆でした。

3月に入ると株価は2月末の時点から9・6％下落し、明らかに株式市場が変調をきたしていることが誰の目にも明らかになってきます。インターネットどころか電話すらなかったこの時代において、「株式市場がどうなっているのか」という情報が圧倒的に不足していました。

JPモルガン商会ロンドン支店のパートナーたちは、ニューヨークにいるジャック・モルガン（創業者ジョン・ピアポント・モルガンの息子）に宛てた電報で、次のように述べています。

「本日付の『ロンドン・デイリー・テレグラフ』がニューヨークでは国際的規模の金融機関が救済を受けていると報じているが、これは本当か。どこの金融機関か。株売りはさらに進むのだろうか」（前掲書（『ザ・パニック』））

これに対してジャック・モルガンは次のように回答しました。

「我々の知る限り、国際的金融機関が救済を受けているという噂は事実無根。こちらの新聞では、ロンドンの証券各社が苦境に陥っていると伝えている。何か情報があれば電報で伝えてくれ。急ぎの株売りと換金への対応はうまくいっているようだが、多くの関係者が相当な損害を被っているようだから、市場の落ち込みはしばらく続くだろう」（前掲書（『ザ・パニック』））

当時、アメリカの銀行は厳しく規制されていましたが、信託会社などを抜け道にして事実上銀行と証券会社の両方のサービスを行っていました。銀行に口座さえあれば、顧客はその銀行が持っている信託会社の口座を使って株式や債券などあらゆる金融商品に投資をすることができました。

またそのときの資金も、例えば買った株を担保にして銀行から借り入れることもできました。今で言うところの信用取引みたいなものです。この方法を使えば、100万円の自己資金でその何倍もの株式を購入することもできます。このように借入を組み合わせて手持ちの資金を何倍にもするやり方を「レバレッジ（梃子《てこ》）」と言います。

実際にどれぐらいのレバレッジが可能か、株価が1株1万円のまま変動せず、その担保価値を銀行が7割で評価すると仮定して思考実験してみましょう。元手は100万円です。

①銀行口座を開設し、100万円入金する
②自己資金100万円でA社の株式を購入する
③A社の株式を担保に差し入れて限度額いっぱいの70万円まで融資を受ける
④借入金70万円全額でA社の株式を購入する
⑤新たに入手したA社の株式を担保に差し入れて限度額いっぱいの49万円まで融資を受ける
⑥借入金49万円全額でA社の株式を購入する
⑦繰り返し

この方法を10回繰り返すと、元手100万円で317株（317万円相当）もの株式を購入することができるようになります。この思考実験のように、株価が変動しない場合でも運用資金は約3倍になってしまいます。だとすれば、株価が上昇局面にあるとき、儲けはこんなものではないということです。

1907年恐慌の3年前から、ニューヨーク株式市場は右肩上がりの活況でした。ダウジョーンズ工業株価指数は、1904～1906年（明治37～39年）までの間に2・5倍になりました。

もし1904年の時点で、先ほどの思考実験のスキームを使って100万円でA社の株式を317株入手していたとすればどうなるでしょう。なんと、その価値は317万円から792万円に大幅に増加することになります。しかも、値上がり分の476万円はまだ担保に入っていないので、限度額いっぱいの7割まで借入を増やすとすると、新たに322万8500円の投資資金を得ることができます。

この資金を使って再びA社の株を買い増します。ただし、今株価は2・5倍に値上がりして1株2万5000円になっているため、322万8500円で購入できる株数は133株です。これをもともと持っていた株式317株と合わせると450株になります。

１株１万円のときに、１００万円の現金と株式の現物を交換しただけでは１００株しか得られません。しかし、株式を担保に融資を受けるというスキームを使えば、同じ資金で株数にして４・５倍、金額にして約11倍もの株式を買うことができるわけです。

もし、このまま株価の値上がりが続き、１株が３万円にまで上昇したとしましょう。現在保有している４５０株の株式の時価は、１３５０万円にまで膨れ上がります。この投資の元手は１００万円でしたから、利益は１２５０万円にもなります。

これに対して、１株１万円のときに、１００万円の現金と株式の現物を交換しただけでは１００株しか得られませんので、仮に株価が３倍になっても３００万円にしかなりません。利益は２００万円です。その差額は１０００万円以上にもなります。

もちろん、このスキームにはリスクがあります。すでにおわかりのこととは思いますが、株価の下落局面では巨額の損失を蒙ります。当初の、１株１万円だったものが20％下落して１株８０００円になっただけで、この時点で３１７株を売却しても２５３万６０００円しかなりません。借入金は合計で２１７万円でしたので、これを返済すると手元には36万６０００円しか残りません。もともとあった１００万円が、実に

3分の1になってしまったわけです。損失は63万4000円です。新たに借入を増やして株を買い増すどころか、しばらく株式市場には戻ってこられないでしょう。

当時、ニューヨーク株式市場ではこのようなスキームを使って、当たれば億万長者、外れれば乞食になる超スリリングなゲームが行われていました。まさに、リアル「カイジ」といった感じです。

そしてこのゲームに勝って巨万の富を得ると、今度は自分が銀行を設立し、このスキームの胴元としてウォール街に居座りました。彼らは銀行家として得られるインサイダー情報を使って、ときにはプレイヤーとして自己売買を行いさらに巨額の利益を得ようとしたのです。

アメリカの「銅の王者」の害

そのなかでも最も代表的な人物は、「銅の王者」こと、フリッツ・アウグスタス・ハインツです。ドイツで教育を受け、コロンビア大学鉱山スクールで学んだハインツは、日給5ドルの鉱山技師としてモンタナ州で働き始めました。そして、自分が受けた科学教育を活用し、たった2年で新しい採掘と溶錬技術を発明しました。これらの技術をネタに約30万ドルの資金調達に成功し、モンタナ鉱石購買会社を設立したのは1891年（明治24年）のことです。ここまでは普通の立志伝でした。

ところが、ハインツはモンタナ州の悪法「エイペックス法」を使って、鉱山の権利を掠《かす》め取ることを思いつきます。この法律は、「鉱業場の所有者は自分の所有地に露出している鉱脈をたどることができる」というものでした。たどった先に他人が所有する鉱山があったとしても、それに所有権が及ぶというのです。

ハインツは産出量の多い既存の鉱山の隣接地の権利を買い漁り、露出した鉱脈をたどりました。そして隣につながっていれば迷わずこの法律に基づいて差し止め訴訟を起こしました。

まるで、かつての商工ファンドが手形訴訟を利用して回収業務を行っていたようなあざとさです。ハインツは、最盛期には133件もの訴訟を抱えていたそうです。

ちょうどこの時期、鉱山ビジネスに参入してきたスタンダードオイル社のジョン・D・ロックフェラーは、新たな鉱山を買収するたびにハインツとの泥沼の訴訟に巻き込まれました。訴訟が長引けば鉱山は操業できず損失が拡大します。

1906年（明治39年）2月、スタンダードオイル社は仕方なくハインツに1200万ドルもの大金を渡し、モンタナのすべての権利を買い取りました。このとき、ハインツはまだ37歳でした。

大企業を打ちのめして調子に乗ったハインツは、チャールズ・W・モースという男に誘われて、今度はニューヨークの金融市場でひと儲けをたくらみます。モースはこのときすでに3つの銀行を支配する「金融成金」でした。ハインツはスタンダードオイル社から巻き上げた1200万ドルの潤沢な資金を使い、ニューヨークのマーカンタイル・ナショナル銀行を買収し、自ら頭取に就任しました。

ハインツはスタンダードオイル社に売却したモンタナの鉱山以外に、ネバダ、カリフォルニア、メキシコなどでも鉱山を保有していました。それらのバラバラな鉱山の権利は税金対策の関係で1つの会社に統合され、「ユナイテッド・コッパー（銅）社」と名付けられました。ハインツはさらなる金融機関の買収を進めるに当たり、この会社の株式を担保に資金調達を画策したのです。

ちなみに、この会社の主要株主として送りこまれたのはハインツの兄、オットー・ハインツです。オットーはニューヨーク証券取引所に会員権を取得し、「オットー・C・ハインツ商会」という証券会社を設立しました。ハインツは兄（オットー）の証券会社を代理人として株の買占めを進めたのです。

ハインツはモースと組んで「少なくとも6つの国法銀行、10ないし12の州法銀行、

5ないし6の信託会社、4つの保険会社」を買収しました。「銅の王者」は、瞬く間にウォール街の寵児へと華麗なる転身を遂げたのです。

ところが、1907年(明治40年)の夏ごろになると、サンフランシスコ地震に端を発したイギリスの金融引き締めの影響が株式市場にも表れてきました。前年のピークから比べると、暴落が起こっていることは誰の目にも明らかになります。

ユナイテッド・コッパー社の株価も、7月末の段階でこの年の年初来20%もの下落に見舞われていました。このままずるずると株価が下落すると、担保不足によってせっかく買収した銀行を手放さなくてはいけなくなってしまいます。

そこで兄のオットー・ハインツはユナイテッド・コッパー社の株式を誰が売り浴びせているのか調査しました。1907年10月9日、オットーはある奇妙なことに気づきます。ユナイテッド・コッパー社の株式は42万5000株しか発行されていないにもかかわらず、市場では45万株も出回っていたのです。なぜこんなことが起こるのでしょうか。

オットーは自分たちが担保として差し入れたユナイテッド・コッパー社の株式を、銀行が勝手に投資家に貸し出して手数料を稼いでいるのではないかと疑いました。すでに株価の下落基調は市場全体に及んでいたので、投機家は株を借りて売り、暴落した後に買い戻すことで利益を上げようとしているのではないかと考えたわけです。

そこでオットーは一計を案じます。市場に出回っているユナイテッド・コッパー社の株式を大量に買い占めれば、空売りしている投資家は買戻しによって精算することができなくなります。オットーは自分たち一味がユナイテッド・コッパー社の大半の株式を押さえていて、市場に出回っている量は少なく、買占めが可能だと考えたわけです。

仮に買占めに成功すると、空売りしている投資家は約束の時期までに株式を調達できません。その場合は取引所の規則により、空売り投資家が買い手に現金を払って勘弁してもらうということになります。しかも、その金額は買占めによって高止まりした株価をベースに計算されます。空売り投資家は結果的に安く売って高く買い戻すことで大損してしまうわけです。

オットーの目算は大量の株を買い占めることで、結果的にユナイテッド・コッパー社の株価を維持し、うまくいけば大儲けすることでした。オットーは150万ドル程度の資金でこれが可能だと計算し実際に買占めを行いました。

しかし、ユナイテッド・コッパー社の株式は、オットーが計算したよりもたくさん市場にあふれていました。買占めに失敗したオットーは購入した株式の代金を請求されました。しかもオットーによる買占め失敗の情報が伝わると、ユナイテッド・コッパー社の株価は大暴落してしまったのです。オットー・ハインツ商会には解約を求める顧客が殺到し、たちまち取り付け騒ぎに発展しました。

しかし、取り付け騒ぎはオットー・ハインツ商会にとどまらず、関連があった金融機関にも及びました。具体的には、マーカンタイル銀行、ビュート・ステート貯蓄銀行、ノース・アメリカ・ナショナル銀行、ニュー・アムステルダム銀行、メカニクス・トレーダーズ銀行、ニッカー・ボッカー信託会社です。ニッカー・ボッカー信託会社は預金者数1万8000人、総預金額6500万ドルという当時のニューヨーク第3位の金融機関でした。

これはまさにリーマン・ショックと同じ「カウンターパーティ・リスク」と呼ばれるものです。オットー・ハインツ商会と取引のある金融機関は、オットー・ハインツ商会の倒産によりバランスシートに大穴が空きます。預金者は預けておいた資産が消えてしまうことを心配して、解約に走ります。そうなると、自己実現的に取り付け騒ぎとなり、金融機関は破綻《はたん》します。

ニッカー・ボッカー信託会社のような大手金融機関が取り付け騒ぎで経営不振に陥ると、その悪影響はもともとオットー・ハインツ商会とは関係のなかった金融機関にまで及ぶことになるわけです。アメリカ信託会社、ニューヨーク証券取引所、ムーア・シュレイ証券会社などはまさにこの破綻の連鎖の犠牲者になりました。

オットー・ハインツ商会の破綻の余波がニューヨーク全体に広がると、今度はニューヨーク以外の遠隔地にもその悪影響が伝播しました。それはアメリカ国内に限らず、ロンドンや東京にまで及んだのです。

金融システムが完全にメルトダウンしてしまったため、銀行融資なども滞り、銀行以外の会社にもその悪影響が及びます。アメリカでは多くの人が職を失い、失業者の数は300万人とも400万人とも言われました。

「日露戦争」に勝利した日本も不況に喘いでいた

日本では前述のとおり、日露戦争直後に「戦後恐慌」が襲います。通俗的な歴史認識においては「戦争で景気が良くなったのでその反動で景気が悪くなった」と言われますが、これは間違いです。何度も述べているとおり、全世界的な金本位制の採用がそもそもの発端であり、金の産出量の低下がシステムとしての余裕を失わせたのでした。1906年（明治39年）のサンフランシスコ地震は、そのきっかけに過ぎません。

さらに、このショックを瞬時に世界中に伝播させたのは、イギリスを中心とした世界貿易システムそのものだったわけです。飛行機が発明され、旅客機による人の移動が当たり前になると、アフリカの風土病であるエボラ出血熱は世界中に伝播するリスクを顕在化させます。経済の病気である恐慌もこれとまったく同じ理屈で、当時世界中に伝播したのでした。

日本は日露戦争後に、朝鮮や支那大陸に対して積極的な投資を行いました。金本位制の下で投資を拡大するということは、金の国内からの流出を招きます。これに対応するためには、国内で使う金を減らすか、外国から調達するしかありません。

しかし、イギリスがアメリカへの金流出を嫌って利上げしたために、外国から資金を得ようにもたくさんの金利を払わないと調達できなくなってしまいました。残された道は、国内で金をあまり使わないようにすること、つまり「財政緊縮政策」です。

これを当時の日本の貿易収支から説明しても同じ結論になります。輸出を盛んにしようと思ったら、日本で生産した製品を国内でなるべく売らずに海外に持ち出すしかありません。国内でなるべくモノが売れないようにするには、利上げと緊縮財政を行って消費を抑制することが正しい選択です。

当時の日本は貿易収支の黒字を、新たに獲得した支那や朝鮮に対するインフラ投資に使っていたのです。もちろん、これはボランティアでやっていたわけでなく、将来より多く消費するために今消費を抑えて未来に投資していただけの話です。

このころは、日露戦争の戦費調達のために大量の国債が発行されていました。これらの国債は外貨建てであり、実質的には金で返済するのと同じ意味を持っていました。日本国内に優良な金山でも発見されればよかったのですが、江戸時代初期に金山を掘りつくしてしまった日本にはもちろんそんなことは無理でした。やはり、国内の消費や投資を抑制して浮いた金を返済に回すしかなかったわけです。

しかし、緊縮財政を続ければ当然軍事費も削減されます。「少ない予算から陸軍と海軍が軍事費を奪い合う」「もっと予算をよこせと言ってテロに訴える」といった昭和初期のお馴染みの事件の源流はここにあると言っても過言ではありません。

日露戦後恐慌の悲惨さを知るうえで、いくつかの客観的なデータを挙げておきましょう（図7参照）。

このグラフは当時の東京証券取引所と大阪証券取引所の株価指数先物の数値を表しています。

1906年（明治39年）の4月ごろに、サンフランシスコ地震に伴うロンドンの金

図７　株式先物指数推移（日本）

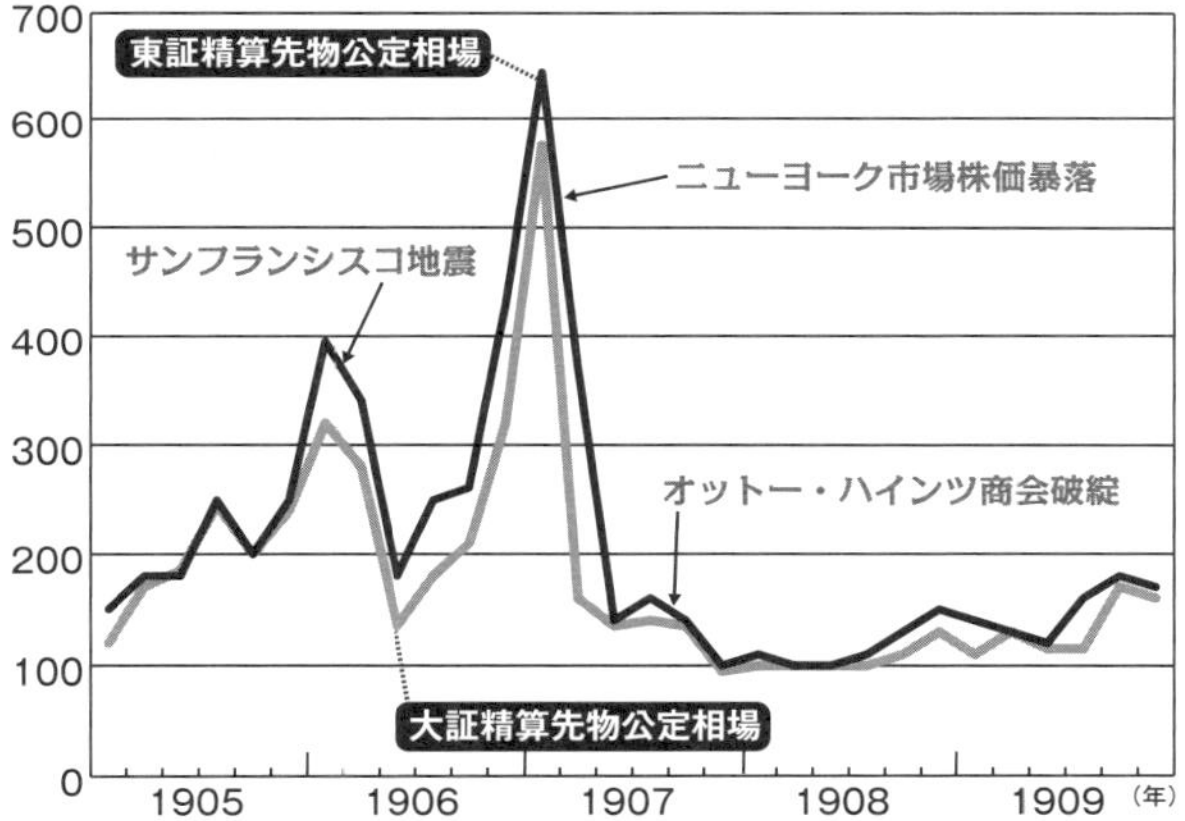

出典：明治大正国勢総覧 東洋経済新報社（1975）より筆者によるグラフ化

利の引き上げの影響で一旦暴落した後、夏ごろから再び急速に値を上げました。しかし、１９０７年（明治40年）に入ると突如として暴落し、３か月で３分の１ぐらいになってしまいました。

その後１９０８年（明治41年）までなべ底を這《は》うように１００円台に低迷した指数は、１９０９年（明治42年）になってやっと微増し始めました。しかし、その後も株価は一進一退の状況を続け、本格的な日本の景気回復は第一次大戦までお預けとなりました。

付け焼刃だった恐慌対策

さて、世界経済を大混乱させた「１９０７年恐慌」は、いったいどのようにして収束したのでしょうか。元はと言えば、金本位制のせいで資金が恒常的に不足しているところに、１９０６年（明治39年）のサンフランシスコ地震のような短期に巨額の資金を必要とする災害が発生したことがすべての原因でした。

本来なら金本位制を止めてしまえばすべてが解決したのですが、当時のグローバル・スタンダードだったこの制度をそう簡単に止めることはできませんでした。よって、１９０７年恐慌を鎮静化させるための手段は、「一時的な資金不足を補う」という付け焼刃な対応がメインとなりました。

誤解を恐れず単純化して言うと、「潰れそうな銀行、事業会社に当座の資金を供給する」ということです。資金供給の仕方は、資金に余裕のある銀行が預金を積んだり、増資に応じたりといった方法や、資金に余裕のある会社と合併させるといった方法でした。

複雑に絡んだ利害関係者の思惑を調整するために八面六臂《はちめんろっぴ》の活躍をしたのが、ＪＰ

モルガン商会の創業者であるジョン・ピアポント・モルガンです。彼はファースト・ナショナル銀行頭取のジョージ・ベーカーや、ナショナル・シティ銀行頭取のジェームズ・スティルマン等とともに、アメリカ信託会社やムーア・シュレイ証券会社といった複数の金融機関を債務不履行の危機から救いました。これらの会社に多額の預金を積んだり、不良債権化した投資先を救済合併させたりするといった大胆な措置を行ったのです。

そして、財政難で破綻寸前だったニューヨーク市当局を緊急援助として3000万ドル分の市債を購入して救済しました。株価の暴落によりニューヨーク証券取引所が危機に陥ったときは、いわゆる「奉加帳方式」でニューヨークに拠点を置く銀行からそれぞれ2500万ドルの基金を募りました。

また、取り付け騒ぎで資金不足に陥った銀行のためにニューヨーク資金決済機構(New York Clearing House)を使って、クリアリングハウス証書を1億ドル発行しました。現代的な言い方をすれば公的資金の注入ということになります。

モルガンは、これらの措置を1907年(明治40年)の11月までに実施し、ニューヨークの混乱はひとまず収まりました。しかし、資産市場における混乱は一定のタイムラグをおいて実体経済に波及します。

図８　1900年代のアメリカの株価と賃金の推移

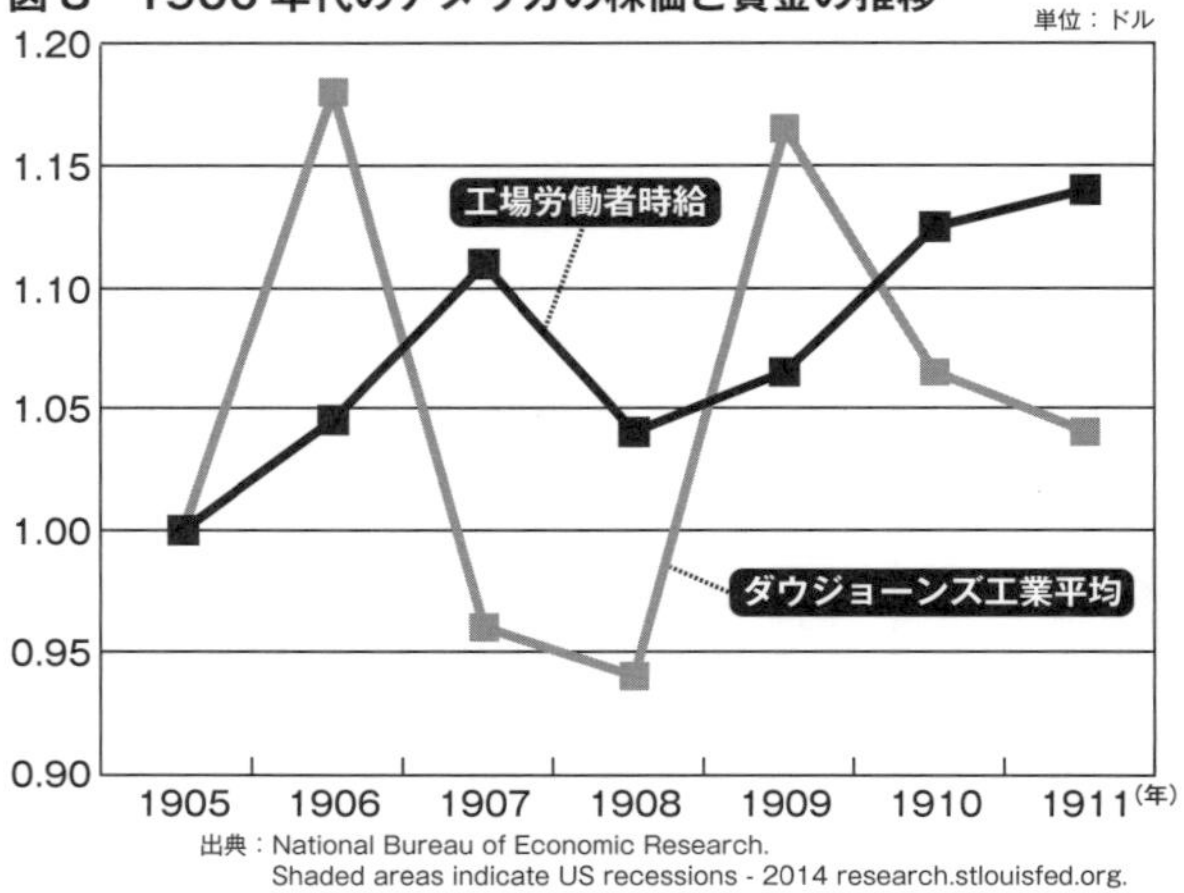

出典：National Bureau of Economic Research.
Shaded areas indicate US recessions - 2014 research.stlouisfed.org.

図8は、当時のアメリカの工場労働者の時給の推移を表したものです。少しわかりにくいですが、株価の急落からしばらくして賃金は急落し、株価の回復に遅れて賃金が底打ちしています。

よくアベノミクスによる日本経済の復活について、「賃金が上がっていない」と批判する人がいますが、まったく見当違いであるばかりか、自らの不勉強を晒していて大変恥ずかしいことです。経済政策の変更は株式や為替など資産市場に即座に及びますが、実体経済に波及するには時間がかかります。これは絶対に逆らえない経済の掟です。１９００年代のアメリカの株価と工場労働者の時給の間ですら、この関係をみてとることができます。

逆に言えば、1907年恐慌のショックは、1年ほどのタイムラグを置いて実体経済に悪影響を与え続けました。株価水準で見ると、アメリカ経済が1907年恐慌前の水準まで回復したのは1909年（明治42年）でした。賃金はそれに1年遅れて1910年（明治43年）に恐慌前の水準まで戻ります。

しかし、その後株価は再び下落し、景気は一進一退という状況になります。日本と同じく、アメリカも本格的な景気回復は第一次大戦まで待たねばなりませんでした。

第二部

【第一次世界大戦の明暗】

凋落するドイツとフランス、台頭するアメリカと日本

超不安定だった「1907年恐慌」後の世界経済

経済の不安定化により困窮した人々は、それまで見向きもされなかった極端な思想に感化されるようになります。その極端な思想が大胆な改革を後押しして人々を困窮から救うこともあれば、逆に問題を悪化させて人々をさらなるどん底に突き落とす場合もあります。

「1907年恐慌」が収まると、各国の経済はV字回復しました。しかし、その後の主要国の経済状態は不安定でした。

イギリスの経済学者のアンガス・マディソンは、超長期の経済データのアーカイブを作成し、一般に公開しています。そのデータを使い、主要国の一人当たりのGDP成長率の推移をグラフ化してみました（図9参照）。

V字回復の後も、米仏のGDPは乱高下を続けたのに対し、日英独のGDPは緩やかな回復が続いたことがグラフから読み取れます。第一部でも指摘したとおり、この時代は「金本位制」の時代です。しかも、金の産出量は1900年代中ごろには横ばいに、1910年代に入ると急減しています。金の産出が減れば、その分だけ市場に

図９　主要国の一人当たりGDP成長率

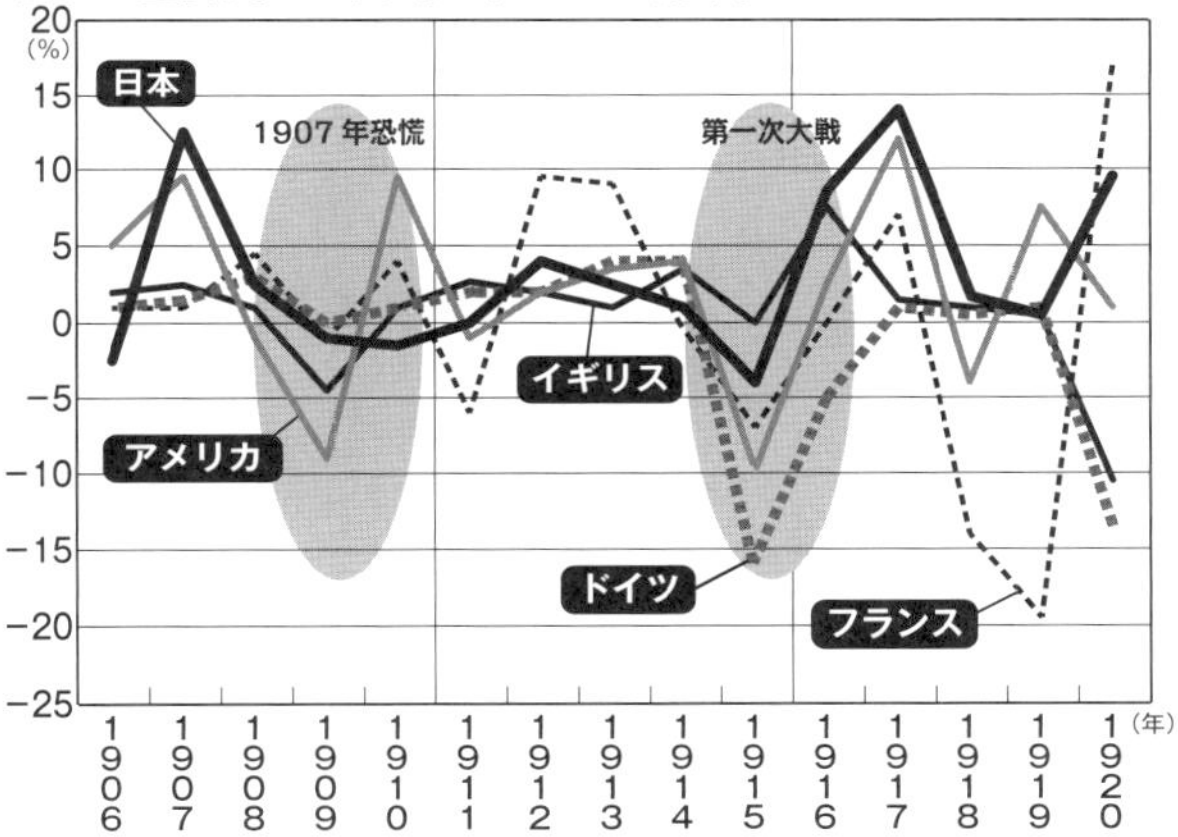

出典：MADISON PROJECTより筆者によるグラフ化

出回るお金の量が減り、経済は「デフレ基調」を強めるわけです。

この状態を回避するためには、金を潤沢に保有している国がリスクを取って金利を下げるしかありません。また、金保有証券のような実質的に金と同じ価値を持った債権を発行することも有効な対策になります。

しかし、金の産出量の減少は金そのものの価値の上昇を意味するため、金保有国はわざわざ金流出のリスクがある利下げに踏み切るよりは、そのまま金を貯めこんで価値が上がるのを待つことを選びます。金保有証券の発行も、金との交換を約束する限り、金の流出のリスクを避けることはできません。

「価値が上がることがわかっている金をわ

ざわざ流出の危険に晒す必要はない」と考えるのが、合理的な判断となります。

このように、1907年恐慌からV字回復した主要国経済でしたが、その後の足取りは不安定でした。すべての国が安定的にプラス成長に転ずるのは、1910年代なかばになってからのことです。

不幸な偶然の連鎖が生んだ「第一次世界大戦」

1914年（大正3年）6月28日、オーストリア＝ハンガリー帝国の皇太子フランツ・フェルディナント大公がボスニアの首都サラエボで、セルビア人民族主義者のガヴリロ・プリンツィプによって暗殺されました。

この件を重く見たオーストリアの外務大臣レオポルト・ベルヒトルトは、セルビア政府に対して10箇条の懲罰的な要求を突きつけます。セルビア政府はひとつの例外を除くすべてを受諾しましたが、ベルヒトルトはこれを不服として、7月28日にセルビアに対して宣戦布告しました。

同じスラブ系民族であるロシアは、オーストリアのセルビアへの宣戦布告を受けて、援軍を差し向けようと兵士の動員を始めます。しかし、ロシアが動員を開始すると、ドイツの「シュリーフェン・プラン」が発動され、フランスがドイツに攻撃されてしまいました。なぜこのようなバカげたことが起こったのでしょうか。

ドイツは地政学的に見ると、フランスとロシアに挟み撃ちになっています。もし戦争が始まったら、両国を相手にする二正面作戦は不可能です。まずは即座に片方の国を叩き潰し、浮いた戦力をもう片方に総動員して蹴散らすしかありません。そのため、ロシアで動員がかかったら、ドイツも即座に動員をかけてフランスを急襲するという戦略（シュリーフェン・プラン）が当初から練られていたのです。

ドイツは8月1日に総動員をかけ、2日にロシアに対して、3日にはフランスに対してそれぞれ宣戦布告しました。フランスも8月1日に総動員、イギリスは8月4日にドイツに宣戦布告しました。「第一次世界大戦」（1914〜1918年（大正3〜7年））はこのような不幸な偶然の連鎖によって発生したのです。

しかし、すべての原因はバルカン半島における「民族運動」の高まりこそが問題でした。過激な民族運動の背景には、そこに救済を求める人々の支持があります。ではなぜ人々に救済が必要かと言えば、経済が不安定で人々が生活に問題を抱えていたからです。金本位制の不安定性と度重なる恐慌が、人々の精神を蝕《むしば》んでいたのです。

また、オーストリア＝ハンガリー帝国に力があれば、民族運動を抑えこむことができたかもしれません。しかし、オーストリア＝ハンガリー帝国は産業革命の移行途中に1907年恐慌が襲ったことで、産業の転換に失敗しました。恐慌によって外需が激減し、輸出不振とアメリカへの出稼ぎ労働者からの仕送り減に見舞われてしまったのです。多額の貿易赤字により対外債務の負担も重くのしかかっていました。結果として、「民族運動などをやるより、ずっといい暮らしができる」という確信を国民に抱かせることができなかったわけです。

政府の弱体化と人々の精神の不安定化、これらすべての原因は経済的な停滞でした。そして、その停滞をもたらした犯人こそ〝金本位制〟だったのです。

「勝ち組」の日米と「負け組」の英仏独

1914年（大正3年）に第一次大戦が勃発すると、世界経済は当初大幅に落ち込みます。特に自国が戦場となったフランスおよび戦争当事国のドイツの経済は大きく落ち込み、一人当たりのGDP成長率でみるとマイナスになっている時期が長くなっています。

これに対して、戦場から遠く離れた日本とアメリカは大戦勃発直後の落ち込みから見事にV字回復しました。これはポーストの「戦争の鉄則」4箇条の2つ目「戦争の場所」の効果です。「戦争の場所は本国から遠ければ遠いほうが良く、また戦場がエネルギーや原料の供給地や商品の消費地ではない」という条件をクリアできたのが日米でした。

ドイツは西部戦線において、英仏連合軍と一進一退の塹壕《ざんごう》戦を繰り広げました。実際の戦場はベルギーやフランス国内です。この戦いはドイツにとっては外国の戦場ですが、それでも隣接する地域です。フランスにとってもパリからは遠く離れた場所ですが、それでも日本やアメリカに比べれば、圧倒的に戦場に近かったことは間違いありません。これは独仏両国の経済にとってあまり望ましいことではありませんでした。

また、東部戦線においてはこれとは正反対に、ドイツ軍はポーランド、ロシアに連戦連勝でした。1918年（大正7年）3月3日には英仏に先駆けて、戦時中に革命で成立したロシアのボルシェビキ政権との間で「ブレスト＝リトフスク条約」を締結しました。

この条約の締結によって東部戦線はドイツ、オーストリア、トルコ連合軍の勝利が確定し、フィンランド、エストニア、ラトヴィア、リトアニア、ポーランド、ウクライナは独立することができました。東部戦線はドイツ国境を離れ、敵陣深く潜り込んだ点で経済的には西部戦線よりマシだったとも言えるでしょう。

イギリスは直接戦場にはなっていませんが、やはり日本やアメリカに比べれば圧倒的に戦場の近くにありました。

また、当時のイギリス経済を支えた「工業ヨーロッパ」と「アメリカ」というふたつの大きな資金循環のうち、工業ヨーロッパのほうに大きな支障をきたすことになりました。いつ戦場になるかもしれないところへは、安心して投資などできません。

しかも、ドイツは〝敵国〟です。ドイツに工場をつくって、ドイツ軍を倒すための兵器を生産するわけにはいきません。

前述したように、イギリスは１９１４年8月4日にドイツに宣戦布告し、第一次大戦に参戦しています。戦争に勝つためには、大量の軍需物資が必要となります。そこで、イギリスの投資資金は遠く戦場から離れて、安全な日本やアメリカといった同盟国に流れるようになったのです。

第一次大戦勃発直後から、イギリスやフランスに対する輸出が日米両国で激増します。戦争特需で、日米の経済は大いに活況となりました。このあたりは、歴史教科書の記述どおりです。

念のためデータでも確認しておきましょう（図10、11、12参照）。

図10　アメリカからイギリスへの完成品輸出額推移

単位：百万ポンド

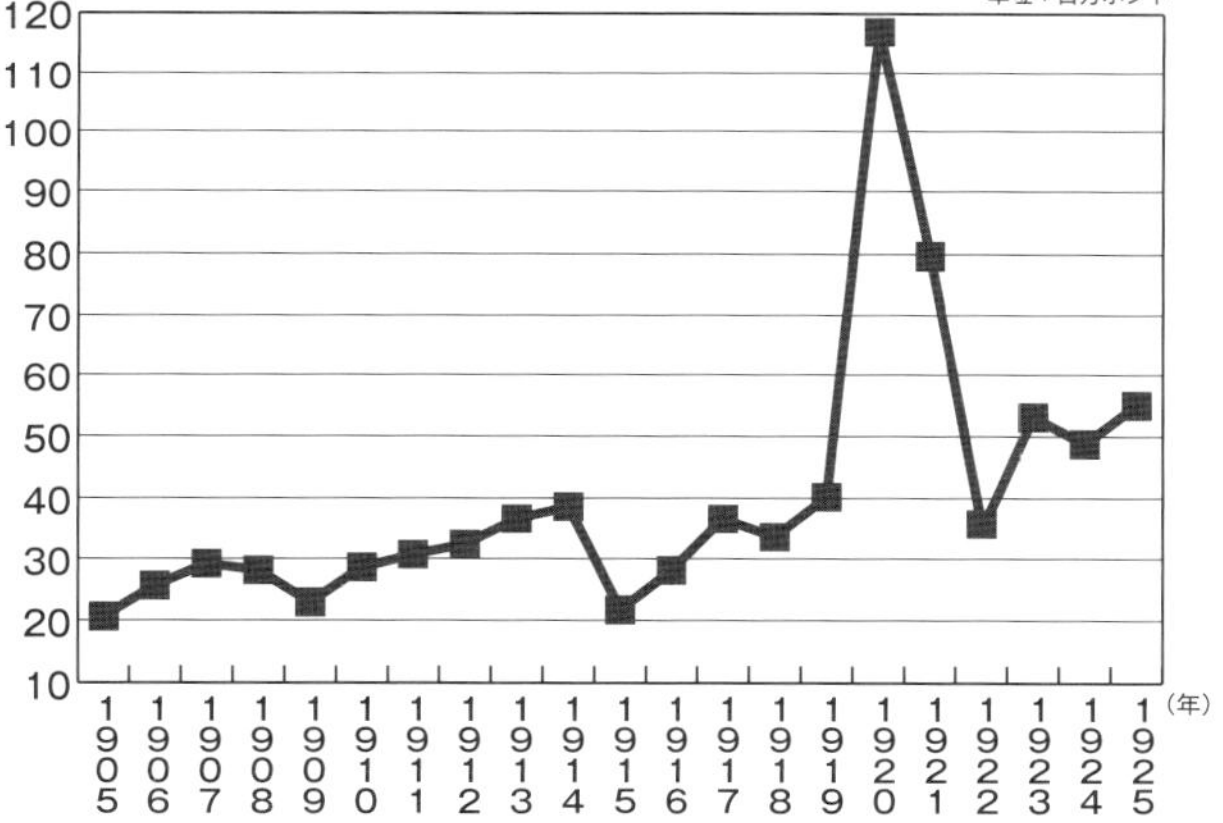

出典：セントルイス連邦準備銀行

図11　アメリカからフランスへの工業品輸出額推移

単位：百万ポンド

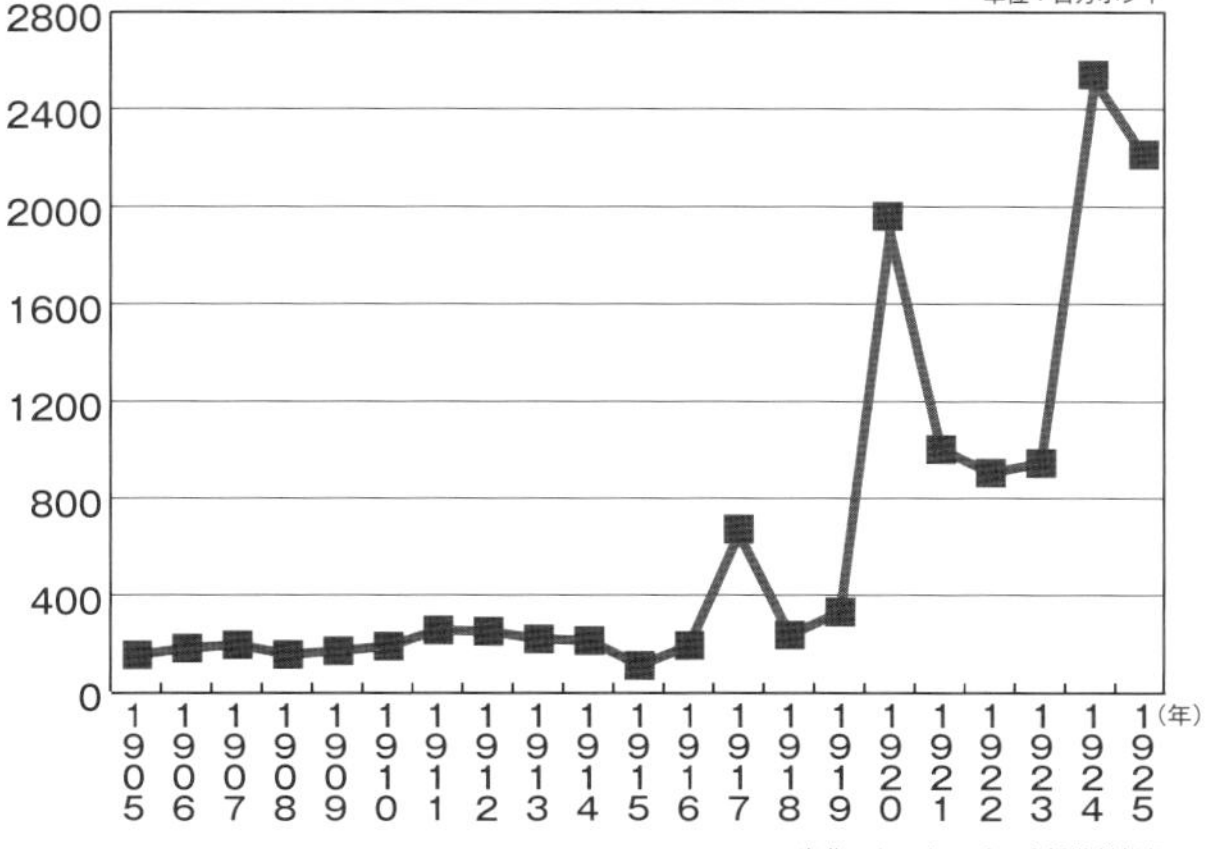

出典：セントルイス連邦準備銀行

これらのグラフを見比べればわかるとおり、日本は1914年の第一次大戦勃発直後から輸出金額が急増しました（図12）。その金額は、対英輸出で約5倍増、対仏輸出で約3倍増でした。しかし、この特需は概ね大戦終結と同時にピークとなり、その後は減少しています。

これに対してアメリカは、大戦勃発直後に輸出金額は急増していますが、大戦終結後の輸出金額はさらに爆発的に、桁違いな伸びを見せていることがわかります（図10、11）。日米ともに大戦特需を享受しましたが、「欧州の復興需要はアメリカの供給力が支えた」と言えるかもしれません。

しかも、英仏両国は大戦中に食料、衣料、武器弾薬の供給をアメリカに頼っただけでなく、戦費までアメリカに頼りました。当初は資金調達のために、手持ちのアメリカの国債を大量に売却しました。しかしそれでも足りずに、英仏両国はアメリカの政府や金融機関から融資を受けたのです。

1914年時点で72億ドルあったヨーロッパ列強のアメリカに対する債権額は、大戦終結後の1919年（大正8年）には33億ドルにまで激減しています。

ちなみに、アメリカの金準備高は1919年の段階で64億ドルになりました。当時の対外債務を埋めてあまりある金額です。建国以来ずっと「債務国」だったアメリカ

図12　日本から主要国への輸出額推移

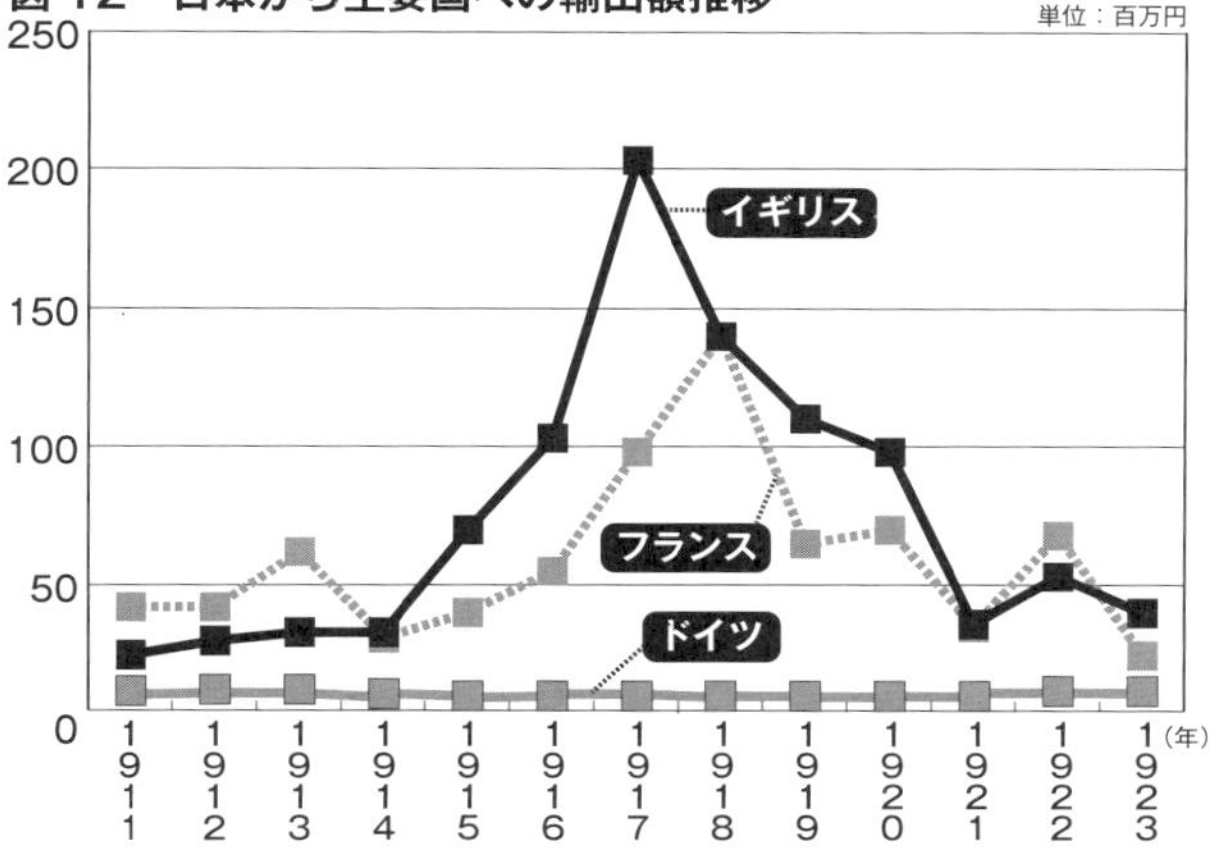

出典：両大戦間期日本の貿易構造（上）：統計指標による分析　山本義彦　静岡大学法経研究

は、世界最大の「債権国」になってしまったのです。

お金の流れという観点で補足するなら、アメリカ国債を売却して英仏に流入したお金が、物資調達のための代金として再びアメリカに流れ（第1段階）、それでも英仏は資金が不足するのでアメリカからお金を借りて、そのお金でアメリカから物資を調達する（第2段階）という流れです。

アメリカからファイナンスされた資金は、物資調達の代金として当然日本にも流入しました。日露戦争の対外債務10億円が重くのしかかっていた日本も、このときの特需により28億円もの外貨を獲得して一気に財政状態も好転しました。ただし日本には、アメリカのように英仏にお金を貸すほどの余裕はありませんでした。

「戦争の鉄則」で、第一次世界大戦を分析する

さて、ここまでの流れを序章でご紹介したポーストの「戦争の鉄則」に当て嵌《は》めて考えてみましょう。

1．戦争前のその国の経済状態

1910年（明治43年）には、主要国は「1907年恐慌」のショックから立ち直り、それ以前の水準と同等かそれを上回る経済成長を続けていました。必ずしも景気が悪くて国内の不満が溜まっていたわけではありません。

確かに、各国ともに景気の足取りは不安定であり、また現在のような労働者の権利が認められていなかったので労働争議などは頻発していました。また、オーストリア＝ハンガリー帝国のような周辺国においては、まだ恐慌のショックは癒えておらず、人々の生活は主要国以上に苦しかったことは言うまでもありません。

2．戦争の場所

日本とアメリカにとって、遠く離れたヨーロッパを戦場とする第一次大戦はベストなロケーションでした。しかも、戦争によって商売敵《しょうばいがたき》であった工業ヨーロッパ（独仏）の生産活動が停滞し、市場では圧倒的に優位に立ちます。

これに対して、英仏独は自国領土や自国に近く、投資先や物資の供給元だった地域が戦場となったために大きなダメージを受けました。イギリスはこのとき、大英帝国の繁栄で得た「金準備」を大量に放出してしまい、その凋落ぶりは誰の目にも明らかになります。

3．戦争資源・兵士の動員（戦時動員体制）の量

景気がある程度良かったのに戦争をしてしまうと、労働力が兵士として取られて通常の経済活動は停滞します。ヨーロッパ大陸で総力戦を繰り広げた英仏はまさにこのジレンマに陥りました。

イギリスは自国が戦場にはならなかったものの、多くの兵士が西部戦線に赴いたため、国内の供給力では物資を賄いきれず、日米の供給力に頼らざるを得ませんでした。

戦争前の景気が恐慌状態なら、失業者が戦争に行くことで公共事業のような効果を発

揮するのですが、今回はそのようにはいきませんでした。

4．戦争の期間と費用および資金調達法

戦争の資金は「戦時国債」の発行によって賄われました。しかし、金本位制を維持したままでは、国債の消化額にも限界があります。1914年（大正3年）に主要国はこぞって金本位制から離脱し（日本は1916年（大正5年）に離脱）、貨幣の発行による戦費の調達も始めました。これが日米に空前の好況をもたらしたもうひとつの原因になります。

また、日米ほどではないにしても、戦争が始まってしばらくすると、英仏独の経済も大戦勃発当初の落ち込みからV字回復していますが、これも金本位制離脱の好影響だと言えます。

「金本位制」と「戦後賠償」

第一次大戦後の世界経済が直面した問題は、大きく分けてふたつあります。ひとつは100年以上前からしつこく続いている「金本位制」の問題、もうひとつが「戦後賠償」をめぐる問題です。

これまで長期にわたって貨幣発行の上限を規定する足かせとして、経済不安定化の要因をつくっていた金本位制が戦争を理由に一時的に停止されたことは、世界経済には僥倖《ぎょうこう》でした。技術革新が進み、大量生産社会に大きく転換していた時代に、金本位制を続ければお金の発行量が追いつきません。

金本位制を続ける限りは「デフレ・レジーム」が続き、経済の不安定化は避けられません。戦争による戦費の調達が理由だったにせよ、各国が金本位制を離脱したことは、世界経済にとっては極めて大きな意味がありました。

歴史に〝IF《イフ》〟が許されるなら、「戦争が終わってからも金本位制に復帰せず、廃止してしまえばよかった」のです。ところが、戦争が終結して平和が訪れると、「古き良き時代」の復活を望む声が、市場のあちこちから挙がってきました。

「第一次大戦の傷が癒えるまでは難しい」という理由で、各国は本格的な金本位制復帰を躊躇《ちゅうちょ》していました。しかし、「当時のグローバル・スタンダードであった金本位制にいずれは復帰するだろう」という市場の期待はとても強く、各国はその期待に抗しきれませんでした。その市場の期待に応えるため、金本位制に完全に復帰していないにもかかわらず、中途半端な引き締め政策がだらだらと続いたのです。

何度も述べているとおり、「金本位制は貨幣発行の上限を金の保有量までに限定する制度」です。もし金本位制に復帰するのであれば、大戦中に膨張した通貨を利上げなどによって吸収する必要があります。

つまり、「金本位制復帰を期待する声」というのは、「デフレ期待」そのものに他なりません。政府がその期待に応えるような動きをすれば、デフレ期待は確信に変わり、人々の経済活動に影響を与えます。将来的に金本位制に復帰することが確実であるならば、金利が上がり、企業の設備投資や消費は抑制されることになります。

ようするに、「モノが売れなくなり、景気が悪くなる」ということです。そうなれば、株価は下がり、大損してしまうかもしれません。当然、「値段が高いうちに手持ちの資産を現金に換えておこう」という人が増えてきます。

しかし、そうすることでモノはますます売れなくなり、企業の業績はさらに悪化し、失業者が増えてしまいます。まさに、「デフレ・スパイラル」が始まるわけです。

金本位制復帰前の中途半端な状態において、「金融引き締め」と「小出しの緩和」を繰り返さざるを得ないのはこのためです。金本位制に復帰しようと金融引き締めに走って景気が悪くなり、景気の悪化を押しとどめようとして小出しの緩和をするという繰り返しです。

しかし、「いつかは金本位制に復帰しなければならない」と考えているため、その緩和は常に、“Too little, too late”（問題に対処する努力が少なすぎ遅すぎる）なものでした。まるで2012年（平成24年）までの日本銀行のような愚かさですが、まさに当時の世界各国が「金《きん》の足かせ」という罠に嵌っていたわけです。

人類はなぜ、再び金本位制の罠に嵌ってしまったのか

再び金本位制の罠に陥ってしまった理由は、戦時賠償の「枠組み」と「支払方法」にありました。これまでの戦争と違い、第一次大戦は「総力戦」であり、敗戦国は二度と戦争を仕掛けられないよう徹底的に解体されることになりました。

総力戦というのは、文字どおり「その国の総力を挙げた戦争」のことであり、「軍隊だけでなく、国民や国内のあらゆる組織、機構が相手を滅ぼすために動員される戦争」のことです。

サッカーでたとえるなら、控えの選手も含めて全選手がフル出場するだけでは総力戦とは言えません。監督やコーチ、そしてサポーターも使って相手を攪乱《かくらん》する、チームのスポンサーを使って審判や相手チームの選手を買収する、それぐらいまでやって

初めて総力戦と言える戦いになります。「日韓ワールドカップ（2002FIFAワールドカップ）」で行われた「スペイン対韓国」の戦いにおいて、韓国がやったえげつない戦いこそ、総力戦の名にふさわしいでしょう。つまり、「スポーツマンシップに、まったく則《のっと》っていない戦い」ということです。

敗戦国となったドイツ、オーストリア＝ハンガリー帝国、オスマントルコ帝国は、まさにこの総力戦の犠牲者となる運命でした。まず、オーストリア＝ハンガリー帝国とオスマントルコ帝国は「民族自決」の美名のもとに、少数民族が相次いで独立し、解体されてしまいました。

しかし、各民族の居住地は複雑に入り組んでいたため、その後もこの地域の紛争は絶えませんでした。オーストリア＝ハンガリー帝国やオスマントルコ帝国のような「強力な国家」があるからこそ、民族紛争を抑え込み、平和を維持することができるわけですが、「小国乱立」となると、一気に不安定化してしまうのです。現在でも、「バルカン半島」では争いが絶えません。これらの火種は、すべて第一次大戦の置き土産なのです。

強国（敗戦国）を解体すると、法を執行する力（秩序）が失われ、国内における民族問題や宗教問題が再燃します。第一次大戦以前の戦争においては、敵国をある程度痛めつけたところで戦争を終結させ、敗戦国を滅ぼすような真似はしませんでした。なぜなら、当時の為政者は「秩序が崩壊したときのコストがあまりにも高い」ということを歴史の教訓として知っていたからです。そういったことを代々伝える「帝王学」が、権力者の階級にはありました。

ところが「民主主義」の世になると、これまで統治をしたことがなかった階級の人々でも、〝人気投票〟で選ばれさえすれば、権力者になれるようになりました。そして、人気投票で選ばれた権力者は〝民意〟を無視することができません。

国際政治の歴史を知らない素人が権力者として、戦争をしたり、その後の講和条件などを話し合ったりすることで〝悲劇〟が起こります。「民族自決」という発想は大変素晴らしいものだと思いますが、実力を伴わない国境線の引き直しは、ときとして「民族同士の殺し合い」を助長することもあるのです。

ドイツ人の英仏に対する復讐心

「大規模な破壊をもたらしたドイツには当然賠償する責任がある」という空気が、当時の戦勝国の首脳たちを支配していました。しかし、ドイツを二度と立ち直らせないようにすることにも大きなマイナスがあります。ドイツ人は英仏に対する異常な復讐心を燃やし、それが「次の戦争の火種」となる可能性があるからです。実際に、アドルフ・ヒトラーが権力を掌握する際に行ったプロパガンダは、こういったドイツ人の持つ「英仏に対する恨みの感情」を巧みに利用したものでした。

そもそもドイツ軍人には、「第一次大戦の敗戦は、政府の裏切りによるもの」という意識が強くあったと言われています。東部戦線が勝利に終わり、西部戦線が膠着《こうちゃく》状態になっている大戦末期に、突然「ドイツ革命」が起こり、共和国政府が誕生して、「共和制」に移行します。これは西部戦線の塹壕に立て籠もって戦っているドイツ軍人には寝耳に水でした。ドイツ軍人のなかには、「西部戦線は膠着状態で最悪でも引き分けだったのに、革命のせいで負けてしまった」と恨みに思う人も多かったそうです。これが、いわゆる「背後からの一撃」と言われる考え方です。

しかし、実際にはアメリカ参戦が決まった時点で、ドイツの敗色は濃厚でした。アメリカ軍がヨーロッパ戦線に到達する前に、英仏連合軍を打ち破ろうと1918年（大正7年）3月にドイツ軍は大攻勢を仕掛けました。しかし、この大攻勢は思ったほど成功せず、瞬時に英仏連合軍を蹴散らすどころか、逆に踏みとどまられてしまいました。

そして、5月からアメリカ軍の増援部隊が到着し、ドイツ軍は戦線を維持できず敗北が濃厚となったのです。同年11月にはキールの水兵の反乱から各地で労働者と兵士が連帯して労兵評議会（レーテ）が結成されました。

当時の与党だったドイツ社会民主党は「このままでは国家が持たない」と判断し、「〝戦争中止〟と〝皇帝の退位〟が必要」との結論に至ります。11月にはヴィルヘルム2世がオランダに亡命し、ドイツの帝政は崩壊。1919年（大正8年）2月、社会民主党のフリードリヒ・エーベルトを大統領とする「ドイツ共和国（ヴァイマル共和政）」が発足しました。「背後からの一撃」がなくても、おそらくドイツは敗北していたのです。

この政治的な混乱のなか、コミンテルンの指示を受けたドイツ共産党が武装蜂起しました。ロシア革命さながらに暴力による権力奪取を目指したわけです。

社会民主党は当初軍隊を使って鎮圧を試みましたが、突然の革命で「戦争に負けた」と思っていた兵士の招集に失敗しました。そこで、仕方なく民兵組織でその後のナチスの母体にもなった「フライコール（ドイツ義勇軍）」の力を借りて、ドイツ共産党を徹底的に鎮圧しました。まさに、終戦後のドイツ国内はドイツ人同士が殺し合う悲惨な状態になってしまったわけです。

ところが、パリ講和会議はただでさえこのような悲惨な状況にあるドイツをもっと悲惨な状態に陥れるものでした。まず、ドイツは植民地のすべてを失いました。さらに、「ドイツ本土のザール地方は、国連管理」「アルザス・ロレーヌ・ザール炭田は、フランス管理」が決定しました。

また、ラインの西岸は15年間占領され、ラインの東部のラインラントは幅50キロメートルが非武装地帯とされました。徹底した軍縮も強制されました。志願兵は「陸軍10万人以下」「海軍1万5000人以下」に制限されてしまったのです。

そして、最もドイツに重くのしかかったのは、言わずと知れた「賠償金」です。フランスやベルギーなどの強硬派は、巨額の賠償金をドイツに要求しました。パリ講和会議の賠償委員会は1920年（大正9年）4月から1921年（大正10年）4月にかけて12回の会議を開き、金額の確定に向けた話し合いがもたれました。

強硬派が無茶な金額を吹っかけるなか、「ドイツに対する懲罰的な賠償金の請求はやめるべきだ」という論陣を張った人もいます。そのなかの一人が、後に経済学者として有名になったジョン・メイナード・ケインズです。

欧州経済を再建する道 〜ケインズの『平和の経済的帰結』

パリ講和会議にイギリス大蔵省の担当者として参加したケインズは、ドイツに懲罰的な賠償を求めることに何の問題も感じていない会議のひどさに失望しました。そして、自分の無力さを実感し、交渉の帰結を見ることなく途中帰国してしまいました。

帰国したケインズは、大きな挫折感と失望から何とか立ち直り、パリ講和会議の愚劣さを世界中に告発するために、『平和の経済的帰結』（1919年（大正8年）11月）という本を出版しました。この本が売り出されると、各国語に翻訳されて世界中に広まり、たちまち大ベストセラーになりました。

ケインズは「ドイツの賠償額はあくまでドイツの支払い能力の範囲内にとどめるべきだ」と考えました。そして、「それがヨーロッパ経済を再建するための唯一の道である」という立場から次のように提言します。

●賠償および占領国の費用としてドイツが支払うべき総額を20億ポンドとすること
●既存の諸資産の譲渡額を一括して5億ポンドとすること

●残額の15億ポンドは、5000万ポンドずつの年賦で30年間にわたり支払うこと
（出典：『ドイツの賠償支払い・トランスファー問題とケインズ』立命館大学　松川周二）

ケインズの推計によれば、この賠償額はドイツが連合国に加えた直接的な損害額とほぼ一致するとともに、ドイツの正常な経済活動のもとで実現可能な貿易黒字に一致するとのことでした。

ところが、実際にパリ講和会議の賠償委員会では、ケインズの提言は無視され1320億金マルク（金に換算して4万7312トン、当時のレートで約60億ポンド）という、ケインズの見積もりの約3倍の巨額賠償金が課されてしまったのでした。これは当時のドイツのGNP20年分にも匹敵する莫大なものです。

しかも、この賠償金は金本位制への復帰を前提に、このときの金との交換レートで得られる金で支払わなければならないものでした。ケインズはこれが如何に不可能なことであるかについて、次のように述べています。

「植民地・海外の取引関係・商船隊・外国資産のほぼ全面的喪失、領土および人口の10％、3分の1の石炭と4分の1の鉄鉱石の割譲、青壮年男子中の200万人の死傷

……そして4年間にわたるすべてを呑みつくす戦争と最終的敗北による勢力と希望との測り知れぬ全面的破壊などによって、大戦前のドイツがもっていた年々の対外賠償の支払い能力が影響を受けぬままでいるわけがないことは明らかである」
「今やドイツの在外資産と商船隊は没収されることになっており、また対外銀行業や外国からの雑収入源は大部分破壊されてしまったのであるから、戦前の輸出入を基礎とすると、ドイツは外国への支払いに充てられる余剰をもつどころか、自活にさえ遠く及ばないように思える。したがってドイツの第1の課題は、この赤字を埋めるために、消費と生産との再調整を遂行することでなければならない。その上で初めて、さらには多少とも行ないうる輸入品使用のいっそうの節約や、輸出のいっそうの促進が、賠償に利用可能となるのである」（前掲書）

この問題をもう少し視野を広げて考えてみましょう。アメリカは第一次大戦を通じて、巨大な「債権国」となりました。アメリカから巨額の借入をした英仏には、この債務返済の負担が重くのしかかります。

さらに、フランスは自国が戦場だったので、戦後の復興資金も必要です。手っ取り早く借金返済と復興資金を得るためには、誰かから奪い取るのが楽。そこで、敗戦国であるドイツは、英仏など戦勝国から厳しい賠償金の取立てを受けることになったわけです。賠償委員会の結論が出ると、各国の債務について個別支払協定が結ばれました。

しかし、それは結果的に「英仏など債務国がドイツからの賠償金を巻き上げて、アメリカに返済する」という新たな国際資金循環の誕生を意味しました。これがいわゆる「トランスファー問題」です。

ケインズとオリーンの「トランスファー論争」

トランスファー論争とは、このときのドイツの賠償金支払いに関して、ケインズとスウェーデンの経済学者ベルティル・オリーンとの間に展開された論争です。この論争を理解するためには、「貿易収支」と「資本収支」の関係について理解する必要があります。

正確に説明すると大変なので、ざっくりと「貿易収支が黒字になると、資本収支が赤字になる」、反対に「貿易収支が赤字になると資本収支が黒字になる」と覚えてください（正確に言うと、「経常収支＝貿易・サービス収支＋所得収支＝資本収支＋外貨準備増減＋誤差脱漏」ですが、単純化するため経常収支の全額が貿易収支とし、外貨準備ゼロ、統計の漏れも無しと仮定します)。

〔例〕
貿易収支が1億ポンドの赤字＝資本収支が1億ポンドの黒字
貿易収支が1億ポンドの黒字＝資本収支が1億ポンドの赤字

ある国が輸入より輸出が多い状態というのは、国内の需要がなくて供給力が余っているということです。よって、輸出と輸入を差し引いて得られた貿易黒字は、需要が低迷している国内にとどまることができず、より資金ニーズのある海外に流れてしまいます。

これに対して、ある国が輸出より輸入が多い状態というのは、国内の需要が旺盛で国内の供給力だけではその需要を賄いきれないということです。輸入から輸出を差し引いた貿易赤字の分は、海外から借りてきた資金によって支えることになります。つまり、外国から国内に資金が流入してくるということです。

ある国が他の国へ送金する場合、それが賠償金だろうが、投資だろうが、収支上は資金提供側で資本収支赤字＝貿易収支黒字、資金受取側で資本収支黒字＝貿易収支赤字になります。

〔例〕
賠償金1億ポンドの支払い＝1億ポンドの資本収支赤字＝1億ポンドの貿易収支黒字
賠償金1億ポンドの受取り＝1億ポンドの資本収支黒字＝1億ポンドの貿易収支赤字

ケインズは、賠償支払いに必要な貿易黒字を生み出すために、ドイツは通貨切り下げを行って徹底的な輸出を推進する必要があると指摘しました。ケインズはこの問題について自身の言葉で次のように語っています。

「国際貿易の均衡は、世界の種々の国々の農業と工業との間の複雑なバランスの上に成り立っており、また労働と資本の使用における各国の専門化の上に成り立っている。もし一国が、この均衡が許容しないほどの巨額な財貨を、代金の支払いを受けることなしに、他の国に移転することを要求されるならば、このバランスは破壊される。資本と労働とは一定の雇用分野に限定され、かつ組織化されており、自由に他の雇用に流れて行くことができないので、バランスの破壊は、このように固定されている資本と労働の効率を破壊する。（中略）さらに、損害は特定産業に雇用されている労働と資本に集中するであろうから、それは、社会全体に加えられた損失を上回る騒乱を引き起こすであろう」（出典：『平和の経済的帰結』ジョン・メイナード・ケインズ、１９１９年／早坂忠訳、東洋経済新報社、１９７７年）

仮に、毎年ドイツが順調に賠償金を支払えるとするなら、ドイツの貿易収支は黒字であるということになります。ドイツが貿易黒字を続けるためには国内の需要を抑制し続けなければいけません。しかし前述のとおり、戦争とドイツ人同士の殺し合いで、ドイツ国内は悲惨な状態になっています。戦争の復興や国民生活の向上など、国内の需要は旺盛です。

その復興需要を押さえつけて、ただひたすら貿易黒字をキープする。そうすることで自動的に資本収支は赤字になり、それが賠償金の支払いと同義になるわけです。需要を抑制するためには、増税や歳出削減などの緊縮財政を実施しなければなりません。永久にドイツ国民は経済的に困窮したままであり続けることが要求されるわけです。

経済には「絶対に逆らえない掟」がある

ケインズは戦争の被害から復興しなければならないドイツが輸入を抑制することは無理であると見抜いていました。また、賠償金を稼ぐために輸出を増加させ続けることも次のような理由で困難であると指摘します。

①輸出の増加には原材料や食料などの輸入の増加を伴うため、輸入を抑制すれば必然的に輸出も減少する

②大幅な輸出の増加を実現するためには、国内産業のサプライチェーンを輸出産業中心に転換しなければならないが、無理やりその転換を図ることの非効率やロスは避けることができない

③輸出の増加を図ろうとすればするほど、国際市場での厳しい価格競争にさらされて輸出価格の引下げが求められる。輸出量がいくら増加しても単価が安くなれば輸出額は思ったほどに伸びないうえ、交易条件が悪化する

「正常な経済組織（既存の物価―賃金構造や産業構造）のもとで生じる貿易収支の黒字には正常な水準があり、無理やりそれを越える施策を実施したところで貿易黒字を増やすことは困難である」とケインズは主張しました。私は自著のなかで、「経済には絶対に逆らえない掟があり、無理に逆らったところで思ったとおりの結果は得られない」という趣旨の発言をしていますが、実を言うとこれはケインズの受け売りなのです。

パリ講和会議で世界の列強がどんな無茶振りをしたところで、ドイツが経済の掟を破ってそれを達成できるはずがない。だから最初からそのような「無理ゲー」「スーパーハードモード」な賠償金要求は不可能であるとケインズは主張したのでした。再びケインズの言葉を引用しましょう。

「ドイツを一世代にわたって奴隷状態に陥れ、何百万という人間の生活水準を低下させ、一国民全体から幸福を奪うような政策は、おぞましく、また憎むべきものである。また仮にそれが可能だとしても、もし仮にそれがわれわれを豊かにするとしても、もし仮にそれがヨーロッパの全文明の荒廃の種子を播かないとしても、おぞましくまた憎むべきものである。この政策を、一部の人々は正義の名のもとに説いている。人類史の大事件においては、諸国民の複雑な運命を解きほぐすに際しては、正義はそれほど単純ではない。またもし仮に正義が単純だとしても、諸国民は宗教によって乱また天賦の道徳律によっても、敵国の子孫に対して、その親や支配者たちの悪事に報いることを許されてはいないのである」（前掲書）

これに対してオリーンは、「ドイツが払った賠償金で英仏が再びドイツから製品を購入するので、ドイツは困窮しない」と主張しました。この論争はどちらが正しかったのか？　その後、ベルサイユ体制打破を前面に打ち出したナチスが政権を奪取したことを鑑みれば、ケインズの勝利は明らかです。

しかしケインズの努力もむなしく、賠償委員会は最終支払額を１３２０億金マルクと決定し、ドイツに対して30年の間に毎年20億マルクと輸出額の26％を支払うように求めました。そして、１９２１年（大正10年）中の支払いとして10億マルクが請求されました。ドイツはこれを受諾して、在外資産などを売却してお金をかき集め、何とか初回の支払いを終えました。

ところが、今後恒常的にドイツから金が流出することを知った投資家たちはマルクの価値が下がる前に手持ちのマルクを売却しようと市場に殺到します。マルク相場はすぐに急落し、1921年の2回目の支払いと、翌年の1922年（大正11年）の5月の支払いが困難となりました。

ケインズが指摘したとおり、「ドイツは外国への支払いに充てられる余剰をもつどころか、自活にさえ遠く及ばない」であり、輸出で賠償資金を稼ごうにも戦争で労働力が減り、商船隊が全滅していてはどうすることもできませんでした。ドイツは賠償金の支払い延期を求めますが、英仏はこれを認めようとしません。

1923年（大正12年）1月にはパリ会議が開催され、ドイツの賠償金支払いの猶予について話し合われましたが、英仏が対立したために決裂しました。すると、フランスは賠償金代わりの石炭の引渡しが約束の1386万トンよりも少ない1170万トンであったことに難癖をつけました。さらに、フランスはベルギー軍を伴って6万もの大軍を率いてドイツのルール地方を軍事占領してしまったのです。

ドイツ人労働者の怒り

これに怒ったドイツ人労働者がストライキに突入しました。フランスは工場と鉱山および銀行と税関を管理下に置き、デモを禁止しました。ドイツ国民の怒りはピークに達し、ストライキは全国的に広がっていきました。ストライキに突入したドイツ国民を支援するため、ドイツ政府は1日4千万マルクの補助金を出すことを決定しました。

ところが、ただでさえ戦争による破壊と賠償金支払いで弱り切っていたドイツ経済は、全国的なゼネストで経済活動がストップしたことによって完全にダメになっています。財政出動するにも財源などありません。

そこで、ドイツ政府は当時の中央銀行だった「ライヒスバンク（ドイツ帝国銀行）」に命じて紙幣を大量に印刷し、ゼネストに突入した労働者を支援するために日当を配り始めました。ここから、かの有名な「ハイパーインフレ」が始まります。

現在の日本でも、中央銀行による貨幣の増刷による金融緩和が行われています。一度、中央銀行が貨幣の印刷に走れば、それは際限なく拡大しハイパーインフレになると言って騒いでいる人がいますが、これは本当でしょうか？　実はハイパーインフレになるには、少なくとも次の3つの条件を満たす必要があるのです。

①　生産設備の徹底的な破壊
②　労働力の中長期的な不足

③ 高額紙幣の大量発行

1923年（大正12年）のドイツは、まさにこの3条件すべてが当て嵌まる悲惨な状況にありました。①はルール工業地帯をフランスとベルギーの連合軍に占領されたことでクリア、②は大規模なゼネストでクリア、③は政府が労働者に日当を配るために紙幣の増刷に踏み切ったことでクリアしたわけです。

さて、現代の日本でハイパーインフレが起こると主張している奇特な方々は、これら3条件を具体的にどうやって満たそうと言うのでしょうか？　ぜひお話を聞いてみたいと思います。残念ながら、まだ百万円札とか一億円札にはお目にかかってないですよね（笑）。

ちなみに、ドイツのハイパーインフレはライヒスマルクからレンテンマルクへの紙幣切り替えと同時に行われた金融引き締めにより、1年も経たずに終息しました。

ここでドイツ人の気持ちになって考えてみましょう。1871年（明治4年）に「普仏戦争」に勝利してから、1914年（大正3年）に「第一次大戦」が勃発するまでの約40年間は大きな戦争はありませんでした。経済は金本位制によって多少不安定でも、「第二次産業革命」の恩恵によってドイツの生活水準は向上していました。

ところが、第一次大戦に敗戦したと同時に、「ドイツ人同士の殺し合い」「外国の軍隊の進駐」「労働者の蜂起」「経済の大混乱」といった、とてもやっていられない事態が次々に発生したわけです。

序章でも指摘しましたが、経済が大混乱して人々の不満が増大すると、「普段は相手にされないような極端な考え方」が突如としてメジャーになっていきます。ドイツにおいてもこの法則は発動しました。

退役軍人を中心とした「俺たちはもっと戦えたのに、売国奴が勝手に変な条約を結んで、結果的にドイツ人は苦しんでいる！」という考え方と、共産主義者たちの「すべては資本主義の欠陥だ。資本主義は戦争を欲し、人民を苦しめる！」という考え方が人気を博します。前者はナチス、後者はソ連、コミンテルンから支援を受けたドイツ共産党でした。しかし、そんなことが見抜けないほどドイツ国民は困窮し、藁にも縋る思いでナチスや共産党に頼ったのでした。

戦争特需を吹き飛ばした「関東大震災」

第一次大戦の戦勝国だった日本は、そのころどうだったでしょう。

図13　株式先物指数推移（日本／年平均）

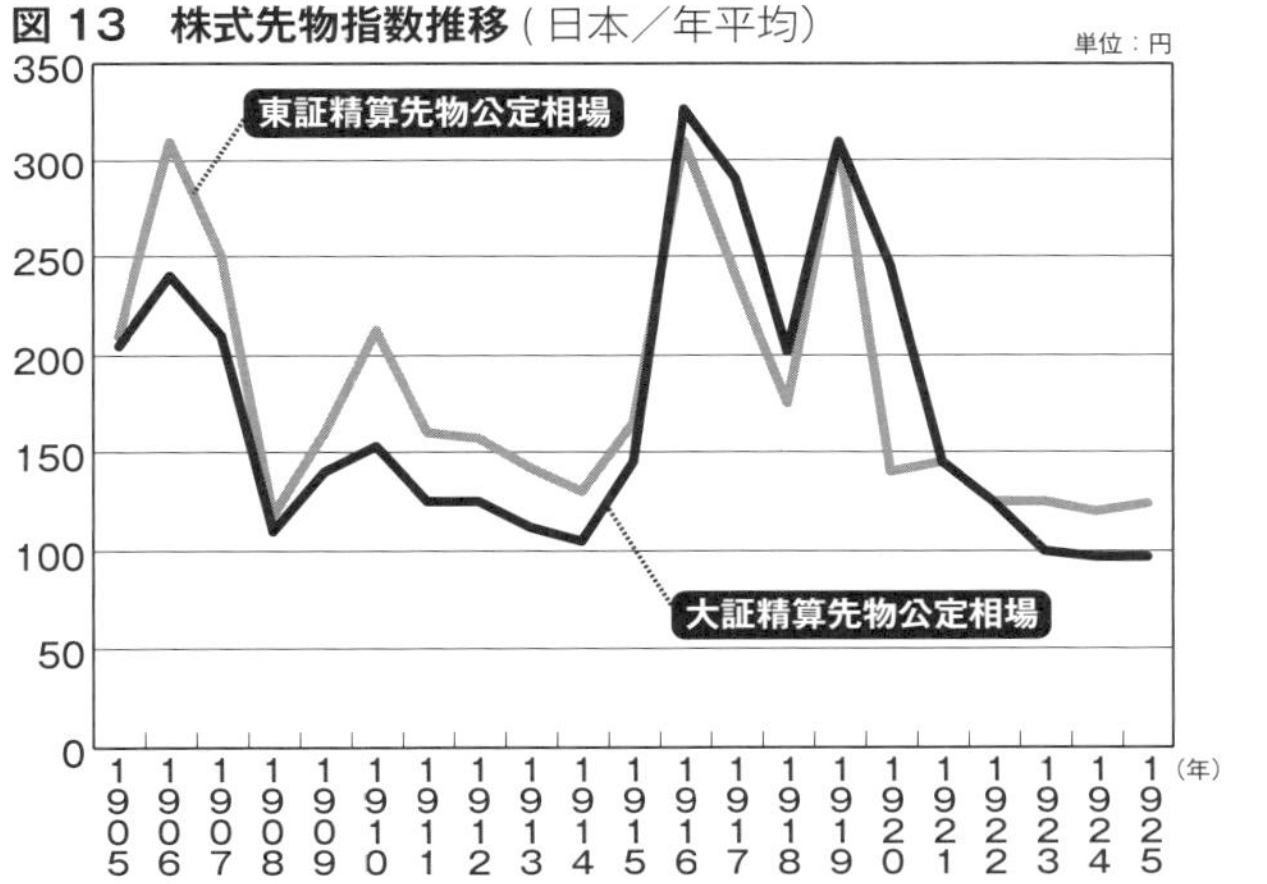

出典：明治大正国勢総覧　東洋経済新報社（1975）より著者によるグラフ化

第一次大戦の戦争特需が終わると、その後の経済についての見方はふたつに分かれました。「ヨーロッパ大陸は相当程度破壊されており、しばらくの間は日本からの輸入は止まらないだろう」という見方と、「ヨーロッパは急速に復興するので大戦特需はこれで一旦打ち止めになり日本からの輸入は減るだろう」という見方です。

115ページのグラフ（図12）ですでに示したとおり、イギリス向けの輸出は1917年（大正6年）、フランス向けの輸出は1918年（大正7年）をピークに、その後は激減しました。

ふたつの見方のうち、前者の楽観的な見通しに沿って設備投資をしてしまった企業は、設備が完成したころに輸出が激減し大きなダメージを蒙りました。

日本の株式市場もこれらの動きを先取りして1919年（大正8年）から大暴落し、株価は3分の1ほどになってしまいました。まさに、平成のバブル崩壊さながらの動きです（前ページの図13参照）。

しかも、1923年（大正12年）9月1日には「関東大震災」が発生し、東京を中心に大きな被害が出ました。死者・行方不明者は10万人を超え、建物被害は焼失家屋44万7000戸、全半壊25万4000戸を数え、被害総額は当時のGDPの4割を超える55億円から65億円にのぼりました。当時の国家予算は15億円、GNPは150億円だったので、被害額は国家予算の5倍に相当する莫大なものでした。

ちなみに、2011年（平成23年）の「東日本大震災」の被害額は、内閣府の推計によると16兆9000億円です。2014年（平成26年）の国家予算は95兆円、2013年（平成25年）のGDPは478兆円でしたので、国家予算の17%、経済規模の3・6%の被害ということになります。

この数字を比べてみるだけで、関東大震災がいかに当時の日本にとって天文学的な被害を与えたかを想像することは難しくありません。しかも、関東大震災は東京直下型地震だったため、東京の街並みは崩壊し、地震後には猛烈な火災が発生しました。

死者の8割以上は、火災による焼死だったと言われています。

当時の東京にあった銀行の本店168のうち121店、支店374店のうち222店が、火災により焼失しました。ビジネスのインフラである銀行システムが物理的に崩壊し、人的リソースも大量に失ったという点でも、その被害は計り知れないものがありました。

後藤新平の「復興プロジェクト」

物理的な損害を回復するという「復興プロジェクト」は当然必要です。その重責を担ったのが後藤新平《ごとうしんぺい》です。

後藤新平は、日本の植民地政策の中核を担った人物であり、台湾総督府民政長官としても有名です。現在の台湾の基礎となっている教育制度、道路や下水道などインフラ整備、衛生事業などを積極的に推し進め、台湾の人々の経済厚生の水準を劇的に押し上げた立役者です。

後藤新平は「大風呂敷《おおぶろしき》」というニックネームがあるくらいで、震災復興の公共事業として大規模な都市計画を考えました。そして、「〝復興院〟という政府機関をつくり、復興債という〝国債〟を発行して莫大な財源を確保する」という構想を発表します。ところが、後藤新平の構想はあまりにも大がかりだったために、財政規律を心配する当時の大蔵省やインフレを懸念する日銀によって猛反対を受けることになります。

しかも、震災から3か月後の12月27日、当時皇太子だった昭和天皇が狙撃される事件（「虎の門事件」）が発生し、山本権兵衛《やまもとごんべえ》内閣は翌1924年（大正13年）1月7日に総辞職してしまいました。震災復興の真っただなかであったにもかかわらず、山本政権が崩壊してしまったため、結局後藤の構想は頓挫《とんざ》しました。

その理念はある程度は後進に引き継がれましたが、その規模は大幅に縮小されてしまいました。例えば、鳴り物入りでつくった復興院も、結局は内務省の外局に格下げされてしまい、後藤自身も政界から追放されてしまったのです。

縮小されたとはいえ、一応は実施された復興事業のおかげで、現在の東京は大きな恩恵を被っています。現在、東京に残っている大規模な道路「日比谷通り」「昭和通り」「晴海通り」や墨田、錦糸、浜町の各公園なども、このときの後藤新平の復興計画で建設されたものです。隅田川にかかる「永代橋《えいたいばし》」「清洲橋《きよすばし》」「蔵前橋《くらまえばし》」「駒形橋《こまがたばし》」「言問橋《ことといばし》」「相生橋《あいおいばし》」は復興局、「両国橋《りょうごくばし》」「厩橋《うまやばし》」「吾妻橋《あづまばし》」は東京市によって架け替えられました。

しかし、いくら建物や道路を整備し、橋を架け替えたところで、震災の被害を受けた会社が潰れてしまっては意味がありません。東日本大震災でも多くの企業が被災し、廃業を余儀なくされました。まして、関東大震災はその何倍もの被害を出しています。当然、これだけの被害をまともに受けて潰れない会社はありません。

また、会社が潰れるということは「銀行の貸出先がお金を返せずに、消えてしまうこと」を意味します。たくさんの会社が潰れれば、銀行そのものにも大きな被害が及び、潰れてしまうかもしれません。

もちろん、銀行が潰れれば、直接被災したわけでもない大阪や九州の取引先企業にも悪影響が出ます。このときまさに、「1907年恐慌」のような取り付け騒ぎが起こる可能性がありました。

山本権兵衛内閣の3つの対策

山本権兵衛内閣は、震災発生から退陣までの短い時間に矢継ぎ早に緊急対策を打ち出しました。その3本柱は次のとおりです。

① モラトリアム
② 震災手形損失補償
③ 生活および復興物資に対する輸入税減免

1つ目の「モラトリアム」とは、1923年（大正12年）9月7日に発令された「30日間の支払延期措置」のことです。地震で被害を受けた企業は生産設備を失っただけでなく、銀行そのものが破壊されて預金の引き出しや振り込みもままならない状態でした。

もちろん、銀行も貸出の回収の見込みは立ちません。そのようななかで、平常時の「民法」で定められた「債権債務」の規定をそのまま運用して、訴訟が乱発されるようになればより大きな混乱が予想されます。そこで、混乱を未然に防ぐために、とりあえず30日間はいくつかの例外を除いて、債務者が支払いを延期する権利を認めることにしたわけです。

ちなみに例外とは、「国や地方自治体の支払い」「労働者の給料の支払い」「給料を支払うための預金の引き出し」「1日100円以下の少額の預金の引き出し」でした。

2つ目の「震災手形損失補償」とは、1923年9月23日に公布された「日本銀行ノ震災手形割引損失補償令」に基づく不良債権買取制度のことです。当時の政府はさすがに平成の民主党政権のような国民生活を考えないひどい政府ではなかったので、「復興のために増税だけして金融は引き締めたまま放置」などということはありませんでした。

震災手形損失補償という制度は、「震災地に震災当時営業所を保有する会社が発行した手形は、特別に日本銀行が買い取る」というものです。ようするに、日銀が手形と引き換えに現金を民間企業に交付することになるので、これはれっきとした金融緩和でした。手形買取による日本銀行の損失は1億円まで政府が補償することになっていました。

当初、日銀による震災手形の引受期限は1925年（大正14年）3月までと定められましたが、買取を求める世論の声に押されて二度延長され、最終的な期限は1927年（昭和2年）9月30日とされました。この措置は金融緩和措置だったので、タイムラグをおいてその好影響が実体経済に波及しました。震災の約半年後の1924年3月には、復興需要に基づく緩やかな景気回復が確認できました。

しかし、せっかく景気回復の芽が出てきたにもかかわらず、政府は「金本位制復帰」という誤った政策目標を捨て去ることができませんでした。

「旧平価解禁」という愚策

震災手形の引受期限を挟んで、政権交代が起こっています。１９２４年（大正13年）６月、わずか５か月で退陣した清浦内閣の後を受けて、護憲三派（憲政会・立憲政友会・革新倶楽部）による加藤高明《かとうたかあき》内閣が成立しました。

しかし、しょせん三派の寄せ集めだったため、閣内の方針が一致しませんでした。翌１９２５年（大正14年）８月に憲政会が他の二派を切り捨て、内閣改造を行いました。この内閣改造の大義名分として、「金本位制復帰（旧平価解禁）」と「行財政整理」が前面に押し出されたのです。

このふたつの方針は、「デフレ容認」と「構造改革」というまさに「民主党政権」と「小泉政権」を足して二で割ったようなものでした。もちろん、行財政整理は簡単には進みません。結局、デフレ容認だけが推し進められる結果となりました。

為替相場は「金解禁（金本位制復帰）近し！」という空気に支配され、旧平価に近いところまで円高が進みました（図14参照）。

旧平価とは、第一次大戦前の為替レートのことです。そのときの為替レートは、概

図14　ドル円レート推移(100円当たりドル)

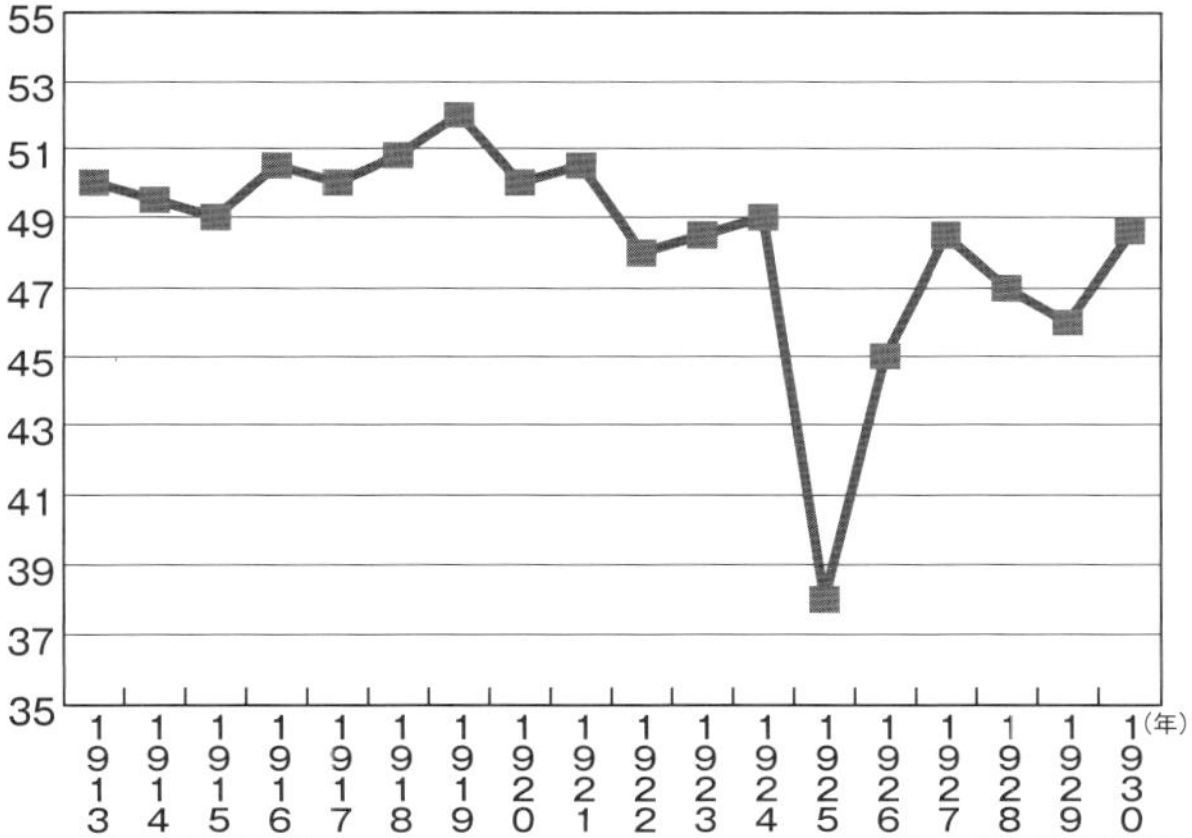

注：各年1月のデータです　出典：日本銀行金融研究所

ね１００円＝49ドル（１ドル＝約2円）で、１９２４年の１００円＝40ドル前後（１ドル＝約２・５円）に比べると25％の円高でした。25％を大きいと見るか、小さいと見るかで意見は分かれます。

例えば、リーマン・ショック以降の１ドル80円という超円高局面においても、「為替は関係ない。企業の努力が足りない」などと真顔で言っていた経営者やエコノミストはたくさんいました。

しかし、アベノミクス以降の日本経済を見れば、円高がどれほど日本経済の足かせであったかは明白です。１ドル１００円を超える円安になっただけで、さしたる構造改革もせずに失業率は低下し、日本企業は息を吹き返しました。

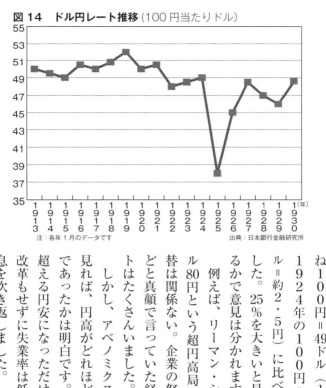

当時行われていた論争も、今とまったく変わりません。加藤高明首相の死去によって成立した第一次若槻礼次郎《わかつきれいじろう》内閣、その後に続く田中義一内閣、浜口雄幸内閣、第二次若槻礼次郎内閣のいずれも、外交方針などをめぐっては考え方が異なりましたが、「金本位制については、早期復帰を目指す」という点では一致していました。

民主党政権時代に与党の民主党と野党の自民党が外交防衛政策などでは大きく対立しつつも、消費税増税についてだけは奇妙に一致していたのと同じです。金本位制の時代、それほど経済は安定していなかったのですが、「あの時代は良かった」「金本位制こそグローバル・スタンダード」という幻想にみなが囚われていたということです。

大蔵大臣の失言が引き起こした「昭和恐慌」

第一次大戦のバブル崩壊と関東大震災のダメージはあまりにも甚大で、1927年（昭和2年）に入っても未だにその悪影響は残っていました。しかし、金本位制のドグマに囚われた人々は、震災で被害を受けた企業に政府が救いの手を差し伸べることを良しとしませんでした。なぜなら、金本位制に復帰するためにはそんな大盤振る舞いはできないからです。

1927年時点で、「震災手形」は2億8000万円も残存していました。この震災手形を日銀に引き受けさせ続けていいのかということについて、当時の衆議院では議論が白熱していました。

「救済するな」と言う人たちは、今で言う「ゾンビ企業批判」のようなことをやっていました。「不良債権が膨らんだのはバブル時代の放漫経営のせいであり、そういうダメな経営をする弱い企業は潰したほうがいい」というようなことです。

これに対して、「救済すべきだ」と考えた人たちは、企業が倒産することによる経済への悪影響、連鎖倒産のリスクなど、より具体的な問題を考えていました。

ところが「震災手形の引受を延長すべきかどうか」という法案の審議中に、当時の片岡直温《かたおかなおはる》大蔵大臣が大変な失言をしてしまいます。3月14日午後の衆議院の予算総会において、政友会の吉植庄一郎《よしうえしょういちろう》議員から「台湾銀行の震災手形を公表せよ」と迫られた片岡蔵相は要求を拒否したついでに、次のように語ったのです。

「今日正午頃渡辺銀行が破綻しました。実に遺憾千万と存じます。預金は約三千七百万円ばかりあります。これらに対して何んとか救済しなければならぬと思います。さて救済をしようとすればその財産を整理したところのものを引受けるというものを見

出さなければ整理はできませぬ」（大阪毎日新聞1927・3・15（昭和2））

もし、「渡辺銀行」が本当に破綻していたのなら、やむを得なかったでしょう。しかし、渡辺銀行はこの発言の時点では破綻していませんでした。

渡辺銀行が相当巨額の震災手形を有することは知られていました。実際に、3月14日についに資金ショート寸前まで追い込まれました。手形交換所から33万7000円の支払いを要求され、その支払いができないことを申し出たのです。渡辺銀行は午後一時半ごろ、大蔵省に報告しました。

しかしその後、渡辺銀行は何とか資金をかき集めて、手形決済ができる見通しとなりました。交換所には支払い停止の申し出をキャンセルし、通常どおりの営業を続けていたのです。ところが、ここで大蔵省の官僚と大臣の間に「情報伝達ミス」が起こり、片岡蔵相の失言につながったのでした。

せっかく営業の目途《めど》が立ったのに、片岡蔵相の失言によって渡辺銀行は取り付け騒ぎに見舞われます。そして再び、資金不足に陥り破綻の危機となりました。翌15日に、開店するには巨額の資金を用意しなければなりません。

しかも事件をキッカケとして、この答弁で問題になった「台湾銀行」に対して人々の不安が湧き上がります。もともと、戦前三井物産と並ぶ財閥だった鈴木商店が第一次大戦後のバブル崩壊で多額の不良資産を抱え、メインバンクだった台湾銀行までもが経営危機に陥っていたということです。

3月15日から約1週間、東日本を中心に銀行が休業・倒産する「昭和金融恐慌」の第一波が襲いました（1930年（昭和5年）から始まる「昭和恐慌」とは別の恐慌ですので注意してください）。銀行は「貸し剥がし」に走ります。4月1日には台湾銀行が鈴木商店への新規貸出の停止を公表し、それが恐慌の第二波となりました。さらに、4月13日には日本銀行が台湾銀行の救済を拒否し、追加融資に応じませんでした。

政府は台湾銀行救済のための勅令を出すように動きますが、4月17日に枢密院がこれを拒否してしまいます。これで第一次若槻内閣は潰れました。翌日、台湾銀行は休業に追い込まれます。

新たに成立した政友会の田中義一内閣は、4月22日から23日にかけて全国の銀行の一斉休業を決定しました。これを指揮したのが田中内閣の大蔵大臣であったあの高橋是清です。高橋蔵相は恐慌対策として次のような政策を実施しました。

① モラトリアム
② 日本銀行特別融通および損失補償法
③ 台湾金融特別措置

1つ目のモラトリアムは、関東大震災のときに実施したものと同じ支払延期措置です。今回は3週間にわたって実施されました。

2つ目はようするに金融緩和です。取り付け騒ぎが起こるのは預金者が「私が預けている銀行は危ないかもしれない」という疑念を持つからです。よって、自分の預けている銀行が安全だということがわかれば、取り付け騒ぎは自然と収まります。モラトリアムが終わるまでにこの不安を払拭するのが2つ目の政策のミッションです。

そこで、高橋蔵相は銀行の店先にお札を積み上げるため、紙幣の増刷を命じました。印刷時間を短縮するため、片面印刷の200円札を大量発行し、銀行に運び込みました。一斉休業が終わって預金者が殺到したときに不安を増幅しないように、高橋蔵相は落ち着いた対応と店のなかの掃除を指示したと言われています。そして、③の台湾銀行救済については②を前提に2億円の貸出上限が定められました。

これらすべての施策を即座に実施した高橋蔵相は、わずか44日で恐慌を収束させてしまいました。

金本位制復帰に耐えられる国は「アメリカ」だけだった

それでは第二部の最後に、戦間期の世界経済の状況をまとめておきましょう。

第一次大戦後の世界経済は、先進国にとってもそれほど居心地のいいものではありませんでしたが、唯一の例外はアメリカでした。「金本位制にいずれ復帰する」と思われていた世界において、ヨーロッパに対する貸付の返済を受けることで、大量の金がアメリカに流入したからです。

イギリスとフランスはアメリカから借りた戦費を返済するため、そのツケをドイツに回しました。ドイツは徹底的に叩かれ、国内は大混乱に陥り、イギリスやフランスに対する復讐心が国民の通奏低音《つうそうていおん》となりました。ドイツの混乱は主要国のなかでは最悪で、ハイパーインフレが発生するなど、国家崩壊寸前まで追い込まれていたということです。

これに対して、日本は戦争景気に乗って経済大国の仲間入りをしたものの、終戦によって金の流入が止まると、デフレ圧力が強まって景気が悪くなります。さらに、関東大震災によって甚大なダメージを受けたのでした。しかも、「金本位制に復帰する」というドグマを捨てることはできず、モラトリアムや日銀特別融資など緩和的な施策が採用されたとしても、結局は元のデフレ路線である金本位制復帰への道に戻ってしまうのでした。

さて、このように戦争が終わった後も経済に火種を残したまま、各国は「金本位制復帰こそが〝グローバル・スタンダード〟だ」とばかりに行動しました。「1919年（大正8年）アメリカ」「1924年（大正13年）ドイツ」「1925年（大正14年）イギリス」「1928年（昭和3年）フランス」「1930年（昭和5年）日本」という順番で、各国は金本位制への復帰を果たしました。

何度も繰り返しますが、「金本位制＝デフレ・レジーム」です。決して無傷では復帰できません。アメリカのように大量の金が流入する国は余裕がありますが、その他の国は金の流出に苦しんでいるわけです。金が流出しないようにするには緊縮財政や金融引き締めが必要であり、その結果として不況を甘受せざるを得なくなります。

はたして、第一次大戦でダメージを受けた各国は、これに耐えられるでしょうか。大変な問題を抱えたまま、世界経済は運命の〝1930年代〟を迎えることになります。

「対米開戦」へのレール

1930年代とはまさに、日本の「対米開戦」へのレールが敷かれていく時代でした。もちろん、レールを敷かれたとしてもその上を走らなければ何も問題はありません。しかし大変残念なことに、当時の日本人はそのレールの上を自らの意思で全力疾走してしまいました。

なぜそんなバカなことをしてしまったのか？　理由はいくつかあります。

例えば、当時のマスコミはそのレールこそが日本の新しい未来を切り開く素晴らしい道なのだと宣伝しまくったこともそのひとつでしょう。朝日新聞の戦争賛美は特にひどいものでした。

また当時のエリートのなかに、明らかに外国（ソ連、支那共産党）の意図を汲んで、日本を破滅的な戦争に誘導するように動いていた人たちがいました。彼らが月刊誌や新聞に寄稿した支那事変拡大を賛美する論文は、多くの知識人や地方の有力者、インテリ層に影響を与えました。この影響がゼロだったというのは難しいでしょう。

そして最も大きな原因は、これまで説明してきたとおり、第一次大戦の後しつこく続いていた〝不況〟です。経済的な困窮は人々の精神を蝕みます。普通の精神状態なら見向きもされない危険な思想も、不安を抱えた人々からは究極の救済策として積極的に受け入れられてしまうのです。もちろん、読者がむしろ危険思想を求めているなら、マスコミは喜んでそれを提供します。彼らに人々を目覚めさせようなどという意識はありません。

経済的な困窮による人々の精神の乱れと、その乱れに乗じて販売部数を伸ばそうとする商業マスコミが、相互に煽り合って国全体がアブナイ考えに染まっていきました。

では、具体的に何が起きたのか？　第三部ではその点について詳しく述べていきたいと思います。

第三部

日本はなぜ「大東亜戦争」に突入したのか

【第二次世界大戦前夜の日本経済】

金本位制絶対派 vs. 元祖・リフレ派

第一次世界大戦の終結は、むしろ世界を不安定化させました。歴史教科書などでは「大国になったアメリカが大国としての責任を果たさなかった」という点が強調されます。確かに国際政治という観点でみればそうなるでしょう。しかし、世界を不安定化させたもっと大きな問題は、やはり経済にありました。「戦後処理（賠償金問題）」と「金解禁（金本位制復帰）」です。

第一次大戦の戦後処理は、完全に失敗でした。「ベルサイユ体制」という枠組みにより、ドイツは英仏から搾取され、そのお金は戦時中の借金返済のためにアメリカへ還流しました。

ドイツにおける「領土の割譲」「共和制移行後の政治的社会的混乱」などということだけが、歴史教科書のなかでクローズアップされています。しかし最も重要なのは、このときのお金の流れが世界経済の不均衡を生み出してしまったことです。

ベルサイユ体制を金本位制という観点で見れば、「世界中の金がアメリカに吸い上げられる仕組み」ということになります。それは同時に、アメリカ以外の国では金が不足することを意味するわけです。金の不足は貨幣の不足、つまりデフレです。その結果、世界経済は不安定化し、最終的には大恐慌「世界恐慌」（1929年（昭和4年））が起こりました。

戦争が終わり、平和になったからといって、すぐに金本位制に復帰することは義務ではありませんでした。ところが、多くの国は金本位制にできるだけ早く復帰しようとし、経済政策を誤りました。彼らにはそれが誤っているという意識はもちろんなかったと思います。それほど、金本位制は当時の「グローバル・スタンダード」だったのです。

今思えば、こんなグローバル・スタンダードなど、捨ててしまえばよかったのです。しかし、当時の政府関係者や有力な経済人たちは、「金本位制に対する絶大なる信頼」を払拭することがどうしてもできませんでした。その結果、本来戦勝国で賠償金の分配（ごく一部ですが）を受けていたはずの日本までもが、この世界的な不均衡の嵐に巻き込まれ、自ら大恐慌「昭和恐慌」（1930年（昭和5年））の罠に嵌っていきました。

もちろん、政策当局者の大半が金本位制への復帰を当然のこととして推進するなか、それに異を唱える人もいました。現代の「リフレ派」につながる「リフレーション」

という言葉は、この時期に生まれた言葉です。

早稲田大学の若田部《わかたべ》昌澄《まさずみ》教授の調べによると、リフレーションという言葉の初出はイギリスの雑誌『The Economist』（1932年（昭和7年）2月13日号）にある「'Reflation' or Bankruptcy」という記事だそうです。同年4月20日には、イギリス議会下院の「議事録」にも登場しました。

日本では『東洋経済』（1932年4月16日号）の「財界観測討論会」における石橋《いしばし》湛山《たんざん》の発言にあるのが初出とのことです（出典：『昭和恐慌の研究』岩田規久男）。

世界中の国々で、金本位制への復帰を推進する当局と、それに異を唱える元祖リフレ派の大論争が繰り広げられました。日本ではこれを「金解禁論争」と呼んでいます。

イギリスでは、あのジョン・メイナード・ケインズが大蔵省の見解に戦いを挑みました。日本では、石橋湛山、高橋亀吉《たかはしかめきち》といった在野のエコノミストたちが、ケインズと同じ立場で論戦を挑んでいます。

ケインズが「財政政策」にしか言及していなかったかのような歴史歪曲は、マルクス主義経済学の影響を受けた教科書執筆者の誤謬《ごびゅう》です。実は、ケインズは「金融経済学者」と言っていいほど貨幣問題に精通していたことを付け加えておきます。ケインズはリフレーションという言葉が生まれる前から、この立場に立って発言していたのです。

政界・財界に蔓延っていた「金本位心性」という病

さて、この論争の重要な論点はひとつしかありません。金本位制に復帰するに当たり「為替レートを戦前のかなり割高なレベル（旧平価）まで戻すのか」、それともそこまでやらず「もう少し割安なレート（新平価）にするのか」、これに尽きます。それは、「金本位制という栄光」に縋る者と、「為替レートがほんの数パーセントの割高、割安になるだけで、その後の経済に与える影響は大きい」と考える現実主義者の戦いでもありました。

より正確に言えば、旧平価での金本位制への復帰が、国内的な不況と自国通貨高という貿易上不利な条件を発生させることは両派ともに理解していました。より具体的な争点は「不況が発生することを良いこととするのか、悪いこととするのか」という問題です。

旧平価解禁派（誤解を恐れずに言うなら「デフレ派」）は総じて、「不況は発生するがそれはたいしたことがないだろう。金本位制のメリットはそれを埋めて余りある」と考えていたようです。

しかしなかには、次のようなカルト的な意見を言う人もいました。「不況が発生することで弱い企業が淘汰され、産業そのものが強化されるから、むしろもっと大きな不況が襲ったほうがいい」などという危険思想です。オーストリアの経済学者ヨーゼフ・シュンペーターが唱えた「創造的破壊」という言葉を採用して、このような主張をする人が当時はたくさんいたのです。

ちなみにシュンペーターは、マルクスとは別の立場から「資本主義の終わり」を予言して、人気を博した人です。世の東西を問わず、「経済ハルマゲドン説」は大人気なのです。

さて、1925年（大正14年）3月17日、大蔵大臣だったウィンストン・チャーチルはケインズとイギリス大蔵省のオットー・ニーメイヤーを呼び出し、金本位制復帰をめぐって意見を聞きました。

ニーメイヤーはイギリス大蔵省の意見を代表して「旧平価による金本位制復帰」を主張しました。これに対して、ケインズは「旧平価から10％ほど割安の新平価による復帰」を進言します。チャーチルの目の前で、金解禁論争がスタートしたわけです。

この点について、前出の若田部氏は次のように指摘しています。

この10％という数字はもとより受け手によって、大きな分かれ目になる。人によってこれは大きな数字ではないと思うかもしれない。現在の日本でも、1、2％程度のデフレならば深刻ではない、と言う人がいる（橘木俊昭『失業克服の経済学』）。しかしデフレは、1、2％程度であっても驚異的な破壊力を持つ。旧平価での復帰は、物価水準の10％の切り下げを意味する。その影響力は甚大、とケインズは説いた。

（出典：『経済学者たちの闘い（改訂増補版）』若田部昌澄）

この会合は深夜まで及びました。最後にチャーチルは、ケインズ側の論客として参加していた銀行家のレジナルド・マッケンナに旧平価による金本位制復帰についてどう思うかを尋ねました。これに対して、マッケンナは次のように答えました。

「もはや逃げ道はない。復帰しかない。だがその行き着く先は地獄だ」

（前掲書）

ケインズはこの論争に敗れてしまったのです。この会合から2日後、チャーチルは金本位制への復帰を決定し、4月8日にはイギリス大蔵省によって実行されました。

イギリス大蔵省はなぜこれほどまでに金本位制にこだわったのでしょうか。それは第一部でも説明したとおり、金本位制が19世紀のグローバル化を支えた経済制度の根幹だったからです。金本位制は当時の正統派経済学においては絶対に外すことのできないものだと考えられていました。それは経済学的な正しさというよりも、すでにひとつの「思想」や「宗教」になっていたと言ったほうがいいかもしれません。

金本位制の維持は、「節度、信頼、安定、世界主義を代表し、健全かつ正常なものの象徴」となっていました。アメリカの経済学者ピーター・テミンは『大恐慌の教訓』という著書のなかで、これを「金本位心性」(Gold Standard Mentality)と名付けました。そしてこの金本位心性こそが、イギリス大蔵省を思想的に縛る足かせになっていたのです。

日本を貶めた〝ハゲタカ〟経済人

ケインズと大蔵省のような論争は、イギリスだけの話ではありません。当時、金本位制への復帰はどの国にとっても大きな課題でした。特に大戦バブルの崩壊後、関東大震災が襲い経済的に疲弊していた日本にとっては極めて重要な問題でした。

1928年（昭和3年）にフランスが金本位制に復帰すると、いわゆる列強で金本位制に復帰していない国は日本だけになってしまいました。まさにこのあたりから、日本における「金解禁論争」が本格化します。

日本における旧平価解禁派の筆頭は、政策当事者でもあった大蔵大臣の井上準之助です。井上はもともと「旧平価による金本位制復帰には時期尚早」という論を唱えていましたが、浜口内閣の大蔵大臣に就任すると突如として「旧平価による即時金本位制復帰」を主張するようになりました。

井上のこの主張には、財界の主流派も同調しました。特に「財界世話人」と呼ばれる、今で言うM&Aのブローカーのような人々がその中心でした。代表的な「財界世話人」としては、郷誠之助《ごうせいのすけ》、池田成彬《いけだしげあき》、結城豊太郎《ゆうきとよたろう》などが知られています。

彼らの仕事は、不況で経営危機に陥ったり、倒産したりした企業を「合併」などのかたちで救済、処理することです。大型の倒産であればあるほど動かす金額が大きくなり、自分たちの実入りが増えます。つまり、不況になってたくさんの会社が潰れれば潰れるほど自分たちの仕事が増えるわけです。

旧平価による金本位制復帰がデフレ政策であり、当然不況が襲うことはわかっていましたから、彼らが旧平価解禁派になるのは経済的な理由からも当然でした。「創造的破壊」という考え方は、こういった〝ハゲタカ〟たちにその仕事を正当化する絶好の口実を与えていました。

また、当時を代表する経済学者であった福田徳三《ふくだとくぞう》、河上肇《かわかみはじめ》も旧平価派でした。河上肇というのは、あの近衛文麿にマルクス経済学を仕込んだ師匠です。左翼が「デフレによって日本を滅ぼす」という作戦は、どうも今に始まったことではなかったようです。

河上は「恐慌の原因は過剰生産にある」と考えており、「恐慌によって供給が削減されることはいいことだ」と発言していました。また、物価については、「物価が上がっても給料が上がらないので庶民の生活は苦しくなる」といった、現在の民主党のようなトンデモ論を信じていました。

しかしあまりにもトンデモな言説なので、石橋湛山に「物価が上昇しているということは、すでに労働者に購買力があるということ。それはつまり所得（給料）が増えているということだ」とツッコまれています。

しかも、「物価」と「失業率」は常に逆相関の関係があるので、物価が上がっているということは、失業も相当程度減っているということになります。社会全体でみたとき、明らかにインフレのほうがデフレよりもメリットがあります。

痛みに耐えてもバラ色の未来はやってこない

それにしても、なぜ河上肇のような頭のいい人間がこのような簡単な矛盾に気づかなかったのでしょうか。それは彼が、「資本主義は悪」と信じ、「(資本主義を)滅ぼすことさえできれば何でもいい」と考えていたからでしょう。

２０１３～２０１４年(平成25～26年)の増税政局のときも、「ポチノミスト」と言われる増税賛成派の民間エコノミストがたくさんいました。彼らは「消費税の税率を５％から８％に上げても経済に悪影響はない」と力説しました。しかし、結果はどうだったのか？　ＧＤＰは四半期連続まさかのマイナス成長でした。彼らは真実を語ることより、財務省にすり寄ることを優先した最低な人たちです。いつの時代にもそういう人はいます。

戦前の旧平価解禁派の代表的な「ポチノミスト」は、野村證券経済調査部長から時事新報景気研究所所長に転じた勝田貞次でした。勝田は様々なメディアでトンデモ論を展開していたので、当時の旧平価解禁派が論争に敗れて論点をずらしていく様子を観察するうえでとても貴重な人材です。

当初、勝田は2つの論点を挙げていました。1つ目は、金解禁とは「世界経済構成への第一歩」であるといった「グローバル・スタンダード論」です。そして、2つ目は「財界整理」という一種の「構造改革論」でした。「日本人はぬるま湯につかっているのでシバキあげなければならない」という「清算主義」が見え隠れしています。

当時流行《はや》った「財界整理」という言葉の意味は、勝田によると「財界の〝高度化〟と〝統制化〟と〝世界化〟」からなるそうです。高度化とは、高度な技術を持った企業を育成することです。この考え方を推し進めると、「低い技術しかない企業を潰して、リソースは〝高度化〟できる企業に集中させなければならない」という発想につながります。このような政策を推進することがまさに〝統制化〟であり、結果的に強化された産業こそが世界に通用するようになる〝世界化〟というわけです。

勝田は旧平価による金本位制復帰が日本経済に与えるダメージが甚大であることを知りつつ、そのようなショック療法によって財界整理を図らなければ、日本企業はいつまでたっても世界に通用しないと考えていたようです。

勝田のような考え方を持った人には、「旧平価による金本位制復帰は日本経済に悪い影響を与えるので止めたほうがいい」と説得しても無駄です。なぜなら「俺たちはその悪い影響こそが、財界整理をするために必要だと言っているのだ！」と反論してくるのが目に見えているからです。平成の世においても、小泉内閣初期にこういったトンデモ論を展開する人が数多くいました。本当にデジャヴを見ているかのようです。「痛みに耐えるとバラ色の未来がやってくる」という発想は、旧平価による復帰を主張する人、清算主義的な意見を持つ人に共通して見られる考え方でした。しかし、彼らの最大の問題点は、「どの程度の痛みに何年耐えると、その何倍のメリットがあるのか」という肝心の部分について、ひとつも具体的な数字を出してこなかったことです。

本当は避けられた「昭和恐慌」

金本位制には大きな問題があるのではないか？　この点については、すでにイギリスのケインズ、アメリカのフィッシャー、スウェーデンのカッセルなどが指摘していました。そして、彼らの書いた論文を取り寄せ、それを読んでいた人物が日本にもいました。その代表者が、石橋湛山です。

そして石橋湛山と同じく、「以前よりも割安な為替レート（新平価）で金本位制に復帰するべきだ」と考える人もいました。経済学者では、高城仙次郎《たかぎせんじろう》、高島佐一郎《たかしまさいちろう》、財界人では「鐘紡《かねぼう》」の武藤山治《むとうさんじ》社長、「東京海上」の各務謙吉《かがみけんきち》会長、「第一生命」の矢野恒太《やのつねた》社長などです。

そして、勝田のようなポチノミストに対して実際に論陣を張ったのは、経済評論家の高橋亀吉、「中外商業新報」（現「日経新聞」）の小汀利得《おばまとしえ》、「時事新報」経済部の山崎靖純《やまざきせいじゅん》などです。新平価解禁派の主張は、主に次の4点に集約されます。

①通貨の安定……旧平価解禁による円高はかえって通貨の安定を損なう
②デフレ……旧平価解禁によるデフレは、新平価解禁によるインフレより害が大きい
③体面の問題……体面にこだわって列強に追随する必要はなく、日本の国内事情を優先すべし
④不景気……不景気による淘汰でより大きく成長するなら、ずっと不景気にし続ければもっと大きく成長するのか？　頭は大丈夫か？

平成に入ってから社会人になった人は、ずっとデフレ下で仕事をしてきたので、こ

れらの主張は感覚的に理解できるのではないでしょうか。日本経済が超円高とデフレに苦しんでいたことは、実感として記憶に新しいところです。

そして、体面にこだわる日銀総裁が速水優《はやみまさる》、福井俊彦、白川方明《しらかわまさあき》と三代にわたって続き、「貨幣量の増加」という本来必要な政策は見送られてきました。特に速水は有名な円高論者で、円高になることで日本が世界から尊敬されると本気で信じているような原理主義者でした。「原理主義者化した学歴エリートを権力の座から排除できない」というのは、日本の統治システム上の重大な欠陥であり、これは今に始まったことではありません。戦前の政界、官界、そして軍官僚においてもこの欠陥は存在していたのです。

リフレ派のこれら4つの反論に対して、勝田をはじめとするポチノミストは有効な反論はできません。ひたすら論点をずらして逃げ回りながら、同じことを繰り返すのみでした。

しかしリフレ派がいくら論争に勝っても、実際の政策の採用においては、石橋たちの意見は聞き入れられませんでした。イギリスにおけるケインズの挫折と同じです。極めて残念なことですが、大蔵大臣の井上準之助は1930年（昭和5年）の1月に金本位制復帰を強行しました。しかも、それは1929年（昭和4年）12月にウォール街で株価の大暴落が起こった翌月という最悪のタイミングでした。

日本が金本位制に復帰すると、すぐさま株価が大暴落しました。物価もＧＤＰデフレーターでみるとマイナス10％となり、デフレが深刻化します。特に農産物の価格は大幅に下がり、農村は困窮します。これが後に「昭和恐慌」といわれる、歴史上最悪の大恐慌でした。

今で言う「援助交際（身売り）」「幼児虐待（間引き）」なども横行し、世の中全体がすさんだ雰囲気になっていったわけです。地元を離れて軍隊にいる青年たちは故郷の衰亡を目の前にし、怒りがこみ上げてきたのは言うまでもありません。これがその後の軍人たちによるクーデター未遂事件（「二・二六事件」）の遠因でした。

日本経済が明らかに変調をきたしているにもかかわらず、勝田のようなポチノミストはいっこうに反省する気はありません。１９３０年9月1日、2日に行われた「金輸出再禁止問題討論会」において、ポチノミストたちは次のような論点ずらしを行いました。

① 新平価解禁は経済が膨張し過ぎたときに抑える政策であって、経済が縮小するデフレ下でやるなんて聞いたことがない（前例がない）

②新平価解禁は貨幣現象上の問題であって、財界の構造的な問題は解決しない（構造改革論）

③日本円が暴落して取り付け騒ぎが起こる（ハイパーインフレ）

いずれもつい最近聞いたことがあるような言い草だと思いませんか？　気づいた人はさすがです。なんと、昔の「旧平価解禁派」は、平成の「デフレ派」とそっくりなことを言っていたわけです。つまり、この手の主張をする人はここ100年間まったく進歩していないということです。

例えば、①の「前例がない」という議論は「インフレターゲットは行き過ぎたインフレを抑えるための政策であってデフレ下で使うものではない」という白川時代の日銀による歴史歪曲とまったく同じロジックです。

また、②はいわゆる「構造改革論」そのものであり、危機が和らげば改革の機運が削がれてしまい、かえって経済にはマイナスだという「根性論」「清算主義」につながっていきます。とても危険な考え方です。勝田はこの討論会のときに「大恐慌を大いに促進したいのです」とぶっ飛んだ発言までしています。どうも、〝根本問題〟なるものを解決しないと「日本が破綻する」という妄想にとり憑かれていたようです。

ほとんど、病気です。

最後の③については、いわゆる〝藤巻型バカ〟として知られている「ハイパーインフレ」に対する強迫神経症です。仮に、新平価の設定レートが安過ぎて、インフレ率が予想外に高騰したら、再び設定レートを変更し、今度は少し旧平価に近づけて調整すればいいだけの話です。

一度新平価で割安な為替レートにするとそのまま無限に円安が進んで、最後は円の価値がゼロになるというのでしょうか。ここまでくると、悪魔祓いが必要なレベルに達します。

しかし、こういうことを言っている人が未だにこの平成の世にも存在していて、しかもそれが国会議員をやっているというのは本当に嘆かわしいことです。日本全土に、お祓いが必要です！

さて、石橋湛山をはじめとした新平価解禁派は、勝田らの妄言に対して容赦なく反論します。

①については、「ときと場所によってはデフレーションをチェックする手段として採用されてしかるべきである」（出典：『昭和恐慌の研究』岩田規久男）と反論しました。

ようするに「デフレ脱却のツールとして使えますが、何か?」ということです。

②については、企業が潰れそうな原因は放漫経営と物価下落の2つであり、少なくとも新平価解禁は後者の問題を解決する政策だとしたうえで、物価を正常化した後に財界整理は好きなだけ進めれば良いと反論しました。また、高橋亀吉は「日本の経済機構には非常な欠陥があるから、それをやり直す手段が必要であるが、今のような経済状態で恐慌を起こさせたのでは、これをやり直す余裕がない」とも述べています。

③については、「ドイツとは事情が違う、以上」ということで論破完了してしまいました。

しかしケインズ同様、いくら論争に勝っても、実際に政策が転換されるためには政治家が動かざるを得ないような〝事件〟を待つ必要があります。昨年(2014年(平成26年))末の消費税増税による景気悪化が安倍晋三首相を動かし、「増税延期」を公約とした解散総選挙になだれ込んだのと同じです。

実際にある政策を採用してその結果が誰の目にも悪いことが証明されれば、世論が動き、政治家もそれに反応して動かざるを得ないわけです。

ついに金本位制が〝世界的な金融危機〟を引き起こす

金本位制復帰の悪影響は、〝世界的な金融危機〟という最悪のかたちで現実化しました。大恐慌が世界中に広まるきっかけとなったのは、1931年（昭和6年）5月に起こったオーストリア最大手「クレディト・アンシュタルト銀行」の倒産です。

金本位制はデフレ政策ですから、企業の倒産は増えます。企業が倒産すれば、そこに資金を融資していた銀行は損失を出します。倒産件数が増えてくると、銀行の損失がかさんで、自己資本を食い潰してしまいます。オーストリアで起きたこの事件は、まさに〝デフレ型の銀行倒産〟でした。

大きな銀行が潰れると、その銀行と取引のある他の銀行にも危険が及びます。いわゆる「カウンターパーティ・リスク」というやつです。また、直接取引がなくても、「あの銀行もアブナイらしい」という噂が広まり、取り付け騒ぎが起これば、銀行は簡単に潰れてしまいます。

クレディト・アンシュタルト銀行が倒産すると、同月に金融危機はすぐに隣国のドイツに飛び火しました。ドイツ第2位の銀行である「ダナート銀行」までもが倒産してしまったのです。ダナート銀行の破綻処理をめぐって、ドイツ政府は大揉めに揉めます。

1か月以上経過した同年7月13日、ドイツ政府はダナート銀行破綻に関する「コミュニケ（国家の正式な声明書）」を発表しました。その内容は、「ダナート銀行の状態は〝お手上げ〟なので閉鎖する」というものでした。2008年（平成20年）の「リーマン・ブラザーズ証券」破綻の際に、当時財務長官だったヘンリー・ポールソンがまさにこれと同じことをやって、リーマン・ショックの引き金を引きました。ダナート銀行の閉鎖が、大恐慌を拡散させる引き金となったのです。

当時の新聞報道によれば、「ダナート銀行には外国から約1億ドルを超える資金が流入しており、アメリカが最大の4000万～5000万ドル、イギリスはアメリカよりもやや少ない資金を投入していた」とのことです。

ダナート銀行の閉鎖が発表されると、ドイツ政府はすべての銀行に一斉休業を命じました。これは取り付け騒ぎによる連鎖倒産を防ぐための緊急措置でした。そして、この緊急措置は約3週間にわたって続き、8月5日になってやっと解除されるに至りました。当時の新聞は次のように報じています。

ドイツ政府は一日新緊急令を発布し五日をもって一般銀行支払制限を撤廃し完全な銀行営業の復活を許可した。

ドイツの一般銀行支払制限はダナート銀行の休業に次ぎドイツ財界が大混乱に陥らんとした際、一時全銀行の休業を命じ、その後次第にこれを緩和して七月二十三日附緊急令により普通銀行は預金額の一割まで、貯蓄銀行は預金者の一人に対し三十マークまでの払戻しを許可されていたもので、それが今回の緊急令により支払制限を撤廃されるに至ったものである。

さしものドイツ金融界も一まず一段落となったものと観測される。

（大阪毎日新聞1931・8・3（昭和6年）／出所：神戸大学付属図書館）

ダナート銀行の破綻処理で収まるかに見えた金融危機は、今度はイギリスに飛び火します。イギリスはアメリカに次いで、ダナート銀行にしこたま貸し込んでいたことが判明していました。それが知れ渡った時点で、「投機アタック」の対象になる可能性がありました。

前述のとおり、イギリスには工業ヨーロッパを経由する資金循環が存在しており、ドイツの金融機関の破綻は、即イギリスの投資が不良債権化することを意味します。

いわゆる「カウンターパーティ・リスク」の顕在化です。「イギリスの銀行も連鎖倒産するだろう」と予想した投資家は、倒産が現実のものになる前にわれ先にと資金を引き出して海外に持ち出します。金本位制を採用していたイギリスでは、資金の持ち出しに合わせて金の保有量が激減してしまいます。もちろん、多くの人がそうするだろうと予想して、8月には投機的なポンド売りを仕掛ける動きも発生しました。

金が大量に流出したとき、イギリス政府ができることは2つしかありません。1つは「減少した金の量に合わせて貨幣量を減らす」ことです。しかし、これは強烈なデフレ圧力となり、国内経済に極めて深刻なダメージを与えます。もう1つは、「金とポンドの交換を停止してしまう」ことです。これはつまり、〝金本位制からの離脱〟を意味します。

イギリス政府は当初1つ目の道を選択し、利子率を上げることで金の流出を防ごうとしました。しかし、まったくうまくいきません。こうなると残された道は1つしかありません。9月21日、イギリスは金本位制からあっさり離脱してしまいました。ケインズの忠告を無視して旧平価による金本位制に復帰を強行したにもかかわらず、それはあまりにもあっけない幕切れでした。

しかし、イギリスが金本位制から離脱したことによって、投機アタックの矛先が今度は〝日本〟に向けられました。オーストリア発の金融危機がドイツ、イギリスと飛び火して、その後は東欧地域も巻き込み大変な状態になっていました。輸出で稼いでいる日本が、この騒動で被害を受けないはずはありません。

三井銀行による「ドル買い事件」

当時の日本は外国からたくさんの借金を抱えていました。当然、資産を防衛しようとする投資家は、まだ日本に支払い能力があるうちに、円を売って資金を海外に持ち出そうとします。

金本位制を維持する限りは、日本にもイギリスと同じ運命が待ち受けています。緊縮財政をやって国内が困窮しようとも金本位制にしがみつくか、それとも金本位制から離脱するか。当時の日本はイギリスと比べて、圧倒的に経済的な体力がありませんでした。投機家は日本がいずれイギリスと同じ道を歩み、金本位制を離脱せざるを得ないだろうと足元を見ていたのです。

金本位制から離脱すれば、大幅な円安になることは確実です。今のうちに高く円を売って、安くなってから買い戻せば大きな利幅を取れるわけです。

井上蔵相はこの動きに対して、イギリスと同じく当初は「通貨防衛」に走りました。もちろん、まったくうまくいきません。投機筋の動きは早く、日本が旧平価による金本位制を維持できないことはとっくに予想されていたのです。イギリスが金本位制を離脱してからのドル買い残高は、1週間のうちに2億円を超えました。

そのようななか、「三井銀行」が「横浜正金銀行」から2135万ドル（4324万円）のドルを買ったことが世間に知れ渡りました。井上準之助は三井銀行の動きを名指しで批判しました。「三井財閥は金輸出再禁止を見越して、円売りドル買いをし、正貨準備の流出に拍車をかけた。これは売国行為である」と糾弾したのです。

このことは、新聞などのマスコミで大きく取り上げられ、政府の尻馬に乗った「反財閥キャンペーン」が展開されました。これがいわゆる「ドル買い事件」です。

このときの三井銀行の実質的責任者で、旧平価解禁派だった筆頭常務・池田成彬は一言も釈明をしませんでした。旧平価による金本位制復帰を主張してきた財界世話人（ハゲタカ）として、責任を感じていたかどうかはわかりません。今のような「パブリック・リレーション」や「ダメージ・コントロール」のノウハウはそれほど確立していない当時にあっては、ひたすら嵐が過ぎ去るのを待つしかなかったのかもしれません。
しかし、一言も弁解せずとも、非難の声は増す一方でした。三井広報委員会は、ドル買い事件について次のように総括しています。

この事件は政府の金解禁の失策を財閥批判にすり替えたもので、実情は、三井銀行のドル買いは投機目的ではなく、自衛措置だった。三井銀行はイギリスの金輸出禁止に伴い、ロンドンに持っていた資金を凍結されるため、決済ができなくなるので、先物約定履行や電力外債利払いに備え、ドル買いを行っただけであった。池田は回顧録で「なんの変哲もない銀行の事務だと思っていた」と述べている。

本来、非難されるべきは政府であったが、巧妙に世論をミスリードし、財閥を悪者に仕立て上げたのである。

（出典：「三井広報委員会」ホームページ／「三井の『ドル買い』事件」執筆・監修：三友新聞社）

三井銀行は当時、日本に投資する外国人投資家向けに債権を組成したり、組成した債権の利払いを代行したりする仕事をしていました。今と違って、当時の日本は新興国なのでたいていの資金は外貨建てで調達されています。そのため、例えば発電所の建設資金として発行した電力外債の利払いも、ドルやポンドといった外貨で行われていたのです。

もし、手持ちのドルやポンドが不足すると、借金返済のために電力会社から預かった日本円を外貨に交換できず、利払いが滞ってしまうことになります。電力会社がちゃんと返済しているのに、銀行が外貨の調達に失敗したため海外投資家に返済できないとしたら、銀行は電力会社に訴えられる危険性があります。

また、海外の投資家も事情が何であれ、返済が滞るということは契約違反ですから、即時に元本の全額返済を求めるなど、契約上の権利を行使してくるリスクがあるわけです。

こういった不測の事態に陥らないために、返済資金用の外貨をある程度分厚く調達しておくことは、銀行のリスク管理としては当然のことです。そう考えれば、三井銀行のドル買いは「なんの変哲もない銀行の事務」でしかありません。

しかし、マスコミはそのような細かい事情はお構いなしです。「大企業がズルして儲けている」「庶民は苦しんでいる」「三井は悪だ！」という単純な勧善懲悪ストーリーは、不況で困窮している人々にウケてしまいました。井上蔵相が名指しで三井を批判したわけですから、「正義は我にあり」とばかりに、集団リンチが始まってしまったのです。

平成の世の中で、「新自由主義だ〜!!」といった浅薄な批判をしている人たちは、このころから何も進歩していないし、何も学んでいないということになります。

戦前にもあった「日本ダメ論」

さて、このドル買い事件が大きくクローズアップされたせいで、その後日本には財閥批判の風潮が生まれました。それは日本を滅ぼしたいと思っている「国際共産主義組織」（コミンテルンなど）にとっては絶好のチャンスでした。「資本主義はもう限界だ！」といった〝日本ダメ論〟が流布され、人々は究極的な解決を求めて過激思想を支持します。

１９３２年（昭和7年）に、「三井合名」の團琢磨《だんたくま》社長が暗殺されるという痛ましい事件（「血盟団事件」）が起こりましたが、このようなテロ行為が歓迎される風潮は、まさに不況が生んだものです。それほど昭和恐慌による経済的な困窮は人々の心に深いトラウマを刻んでおり、「金持ちばかりが得をしている！」というバッシングに乗りやすかったということです。

ちなみに、将来金本位制離脱が確実視されていた状況において、早めに円を売ってドルを買う行為は、経済合理性に基づくものです。そもそも、投機アタックで儲かってしまうような「金本位制の制度上の欠陥」こそが問題なのです。しかし、井上準之助は金本位制の問題点はスルーして、制度上の欠陥を突く投資家を攻撃するという極めて的外れなことをしてしまいました。

世界恐慌がより深刻化する過程で、日本を取り巻く安全保障上の問題もクローズアップされていきます。1931年（昭和6年）9月18日には「満州事変」が勃発しました。井上準之助の部下の青木一男は、満州事変を大義名分として「国家の非常事態なので、金本位制から離脱してもメンツは潰れない」と進言します。

しかし、井上蔵相はこの絶好のチャンスを逃してしまうばかりか、せっかく進言してくれた青木一男に逆ギレします。青木の回顧録である『聖山随想』によれば、「井上さんは色をなして、君までそんなことを考えるのかとひと言言われたきり黙して語られなかった」とのことです。この頑迷さは、現代の「増税原理主義者」にも通じます。もうほとんど宗教です。

しかし、同年12月13日に第二次若槻内閣が閣内不一致によって総辞職すると、新た

図15　為替レート

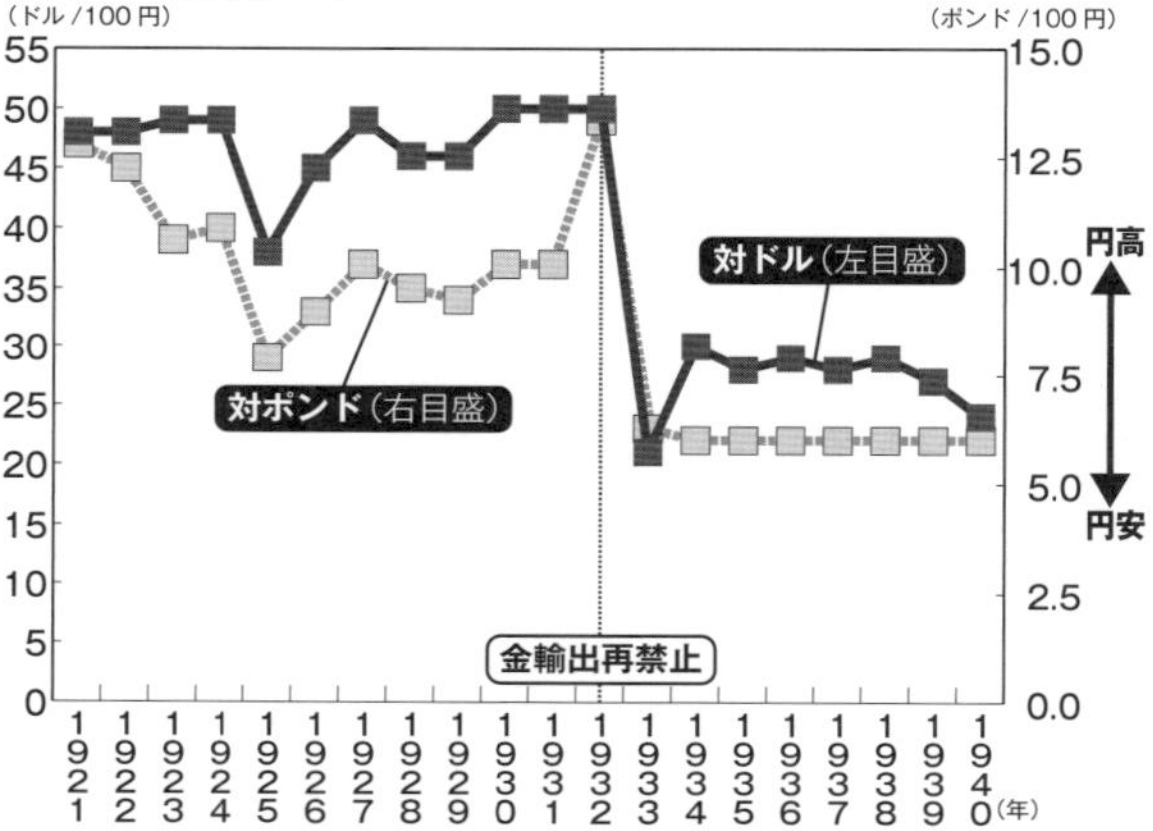

出典：戦間期日本の為替レート 変動と輸出　畑瀬真理子　日本銀行金融研究所

に政友会の犬養毅《いぬかいつよし》を首相とする内閣が成立しました。そして、昭和金融恐慌を抑え込んだ高橋是清が大蔵大臣に就任します。

高橋は金本位制から即日離脱し、金の足かせを脱しました。金本位制を再離脱すると為替レートは１００円50ドル（１ドル２円）から、１００円20ドル（１ドル５円）まで大幅に下落しました（図15参照）。

しかし、金本位制からの離脱だけでは政策レジームの転換を人々に印象付けるには不十分でした。考えてみれば、第一次大戦終結からずっと「いつか金本位制に戻るのではないか」という期待のもと、引き締め気味の政策が行われてきました。

金本位制からの離脱は貨幣の発行の上限を取っ払うことではありますが、それ自体が貨幣量を増やす政策ではありません。上限を取り払った後に、貨幣量そのものを増加させる政策が必要でした。しかも、その政策は将来的に貨幣量が増加し続けるという期待を人々に抱かせるようなものでなければならなかったのです。

高橋是清が日本経済を救ったが……

1931年（昭和6年）12月に金本位制を離脱すると、物価と株価は上昇し、失業率は下がり始めました。しかし、実際に貨幣量を増加させる政策がなかなか実施されなかったために、人々のインフレ期待は萎んで、物価も株価も元に戻ってしまいました。

しかも、翌1932年（昭和7年）5月に「五・一五事件」が起きて、犬養首相は暗殺されてしまいました。再び暗澹《あんたん》たる空気が日本経済を覆います。もうこれ以上、停滞を続けることができませんでした。

1932年11月25日、ついに高橋蔵相は決断します。日銀による歳入補填国債の直接引受が始まりました。「日銀が国債を直接引き受けて市中にマネーを供給することによって、貨幣量そのものを増量する」という政策がようやく実現したのです。いわゆる「高橋財政金融政策」の完成です。

この点について、多くの人が誤解しているので確認しておきたいのですが、この政策はあくまで貨幣量が今後も増えていくという「期待」の形成がメインであって、国債の直接引受によって得た財源で行った財政政策はオマケです。

その効果については『昭和恐慌の研究』の第八章「なぜデフレが終わったのか：財政政策か、金融政策か（中澤正彦・原田泰）」で検証済みです。この論文は「財政政策と金融政策が生産や物価の変動に対してどのような効果を持ったのかを、年次データと月次データを使い、変数間に制約を課さないVARモデルによって分析」したものです。VARモデルとは「複数の変数について内生変数と外生変数をあらかじめ区別せず、モデルに用いる変数のラグによりモデルを説明しようとするもの」です。

細かい実証プロセスについては前掲書をお読みいただくこととして、結論を申し上げると次のようになります。


物価変動とマクロ経済政策の関係を見ると、財政政策が物価の変動に与える影響については、（中略）優位な結論を得られなかった。他方、金融政策が物価の変動に与える影響を見ると、年次データの分析ではGrangerの因果性において、マネタリーベースの伸びが物価上昇率に対し先行的に動き、また、インパルス反応関数においては、マネタリーベース増加率の上昇が優位に物価上昇率の上昇をもたらす、という結論が得られた。また、月次データによる分析においても、貨幣供給量の増加により物価の上昇という反応が得られており、年次データの結果を補強するものになっている。

（中略）

昭和恐慌からの回復過程については、高橋蔵相期の拡張的な財政政策の役割がしばしば強調されるが、今回の分析からは、戦間期の経済において、拡張的な財政政策が単独で生産の増加に効果があったという結論は見出せない。他方、インフレのショックが生産にプラスの影響を与えているという分析結果を踏まえると、本章の分析は、デフレ脱却に向けたパッケージとしての高橋財政の重要性を示唆している。

（前掲書）

さて、高橋財政金融政策の効果はてきめんでした。「物価」と「株価の動き」を確認しておきましょう（次々ページの図16参照）。

井上蔵相時代に大きくマイナスになった株価と物価は、高橋財政が始まって1年ほどすると本格的に上昇し始めました。これに伴い、実体経済にも良い動きが出てきます。今度は「投資」と「景気動向指数ＤＩ」について確認しておきましょう（図17参照）。

景気動向指数とは、景気に敏感に反応する生産、雇用など様々な指標の動きを統合したものです。ＤＩとはディフュージョン・インデックスのことで、構成する指標のうち改善している指標の割合を算出し、景気の各経済部門への波及の度合いを測定することを主な目的にしています。

投資額が１９３１〜１９３４年（昭和６〜９年）にかけて急上昇するのに少し遅れて、景気動向指数ＤＩが同じように急上昇しています。これは、金融政策の転換がまずは株価など資産市場に及び、一定のタイムラグをおいてから徐々に実体経済に波及するという経済の掟をそのまま体現した動きです。このデータを見れば明らかなように、井上準之助から高橋是清への大蔵大臣の交代こそが、政策のレジーム転換そのものでした。

とはいえ、その転換は①「金本位制離脱」と、②「日銀による国債の直接引受」という二段階で行われた点がポイントです。特に②は、財政政策としての側面よりも金融政策としての側面が強いというのは既述のとおりです。

図16　昭和恐慌前後の日本の物価と株価の推移

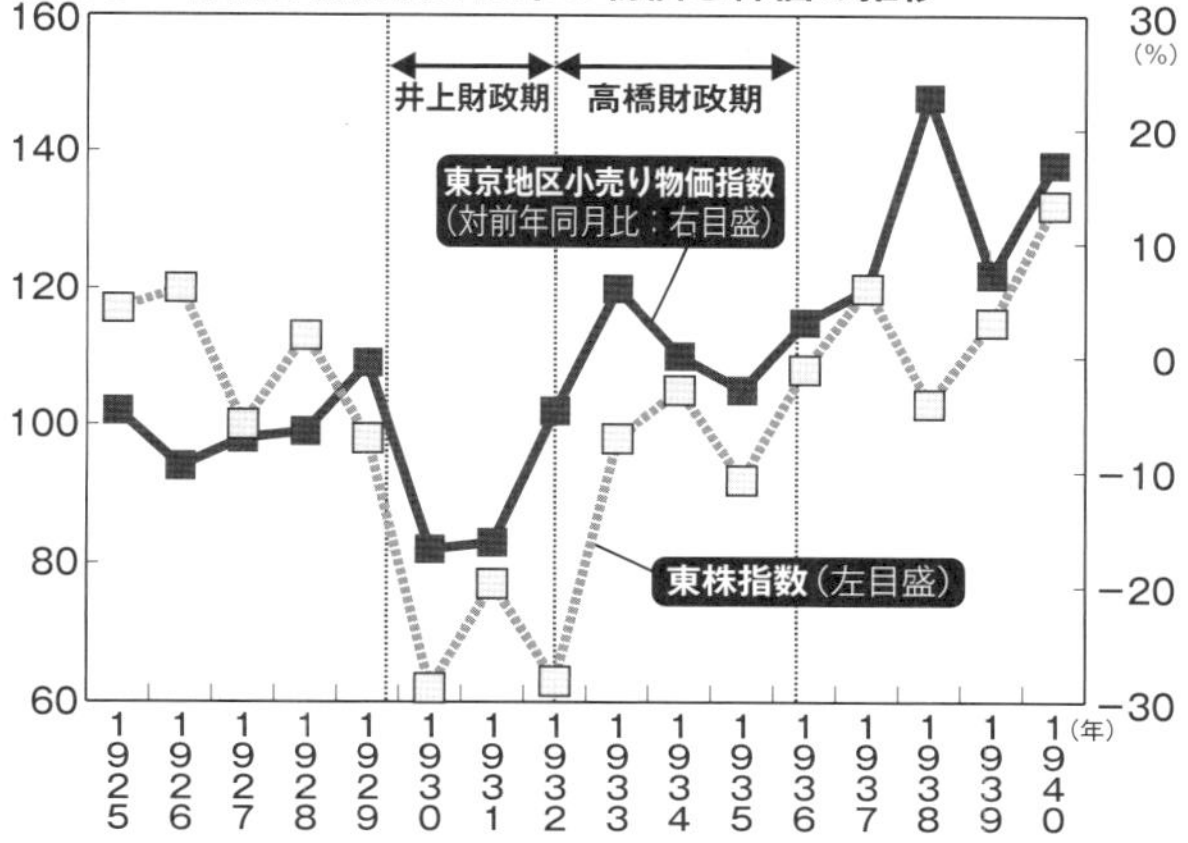

出典：『昭和恐慌の研究』岩田規久男編著

図17　株価と投資、景気動向指数

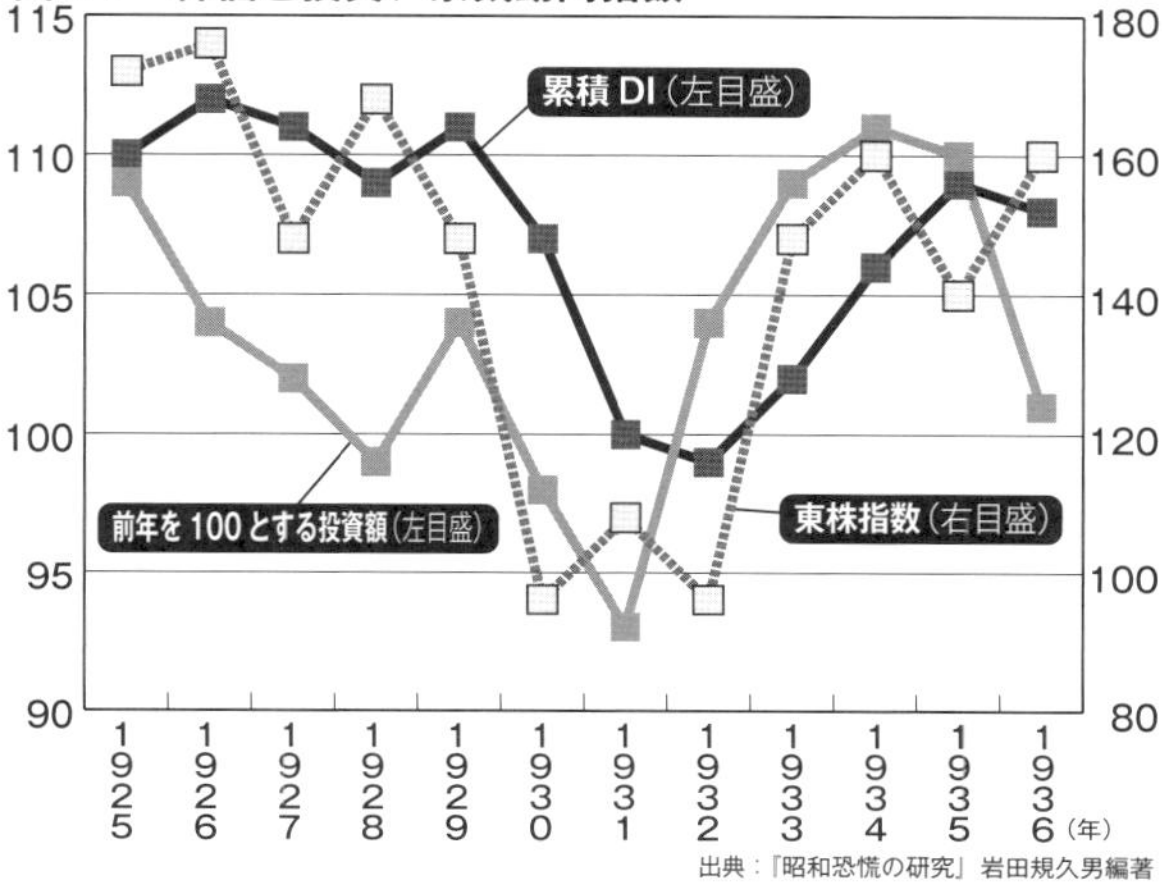

出典：『昭和恐慌の研究』岩田規久男編著

「ブロック経済」の誕生

日本経済は1931年（昭和6年）を転機として、その2年後の1933年（昭和8年）ごろには様々な経済指標がほぼ恐慌前の水準まで回復しました。しかし、世界中には金の足かせからなかなか離脱できない国も数多くありました。

世界24か国について、金本位制を離脱した時期ごとにグループ化して、卸売物価指数の推移をグラフ化すると興味深いことがわかります（図18参照）。

第1グループはそもそも金本位制を採用していなかったか、1931年までに金本位制から離脱していた国です。このグループにはスペイン、オーストラリア、ニュージーランドの3か国が入ります。

第2グループは1931年に離脱した国で、ここには日本、イギリス、ドイツなど14か国が含まれます。

第3グループは1932～1935年（昭和7～10年）までに金本位制から離脱した国で、アメリカ、イタリア、ベルギー、ルーマニアの4か国です。

第4グループは1936年になっても金本位制から離脱しなかった国です。フラン

図18　大不況のころの卸売物価指数（WPI）

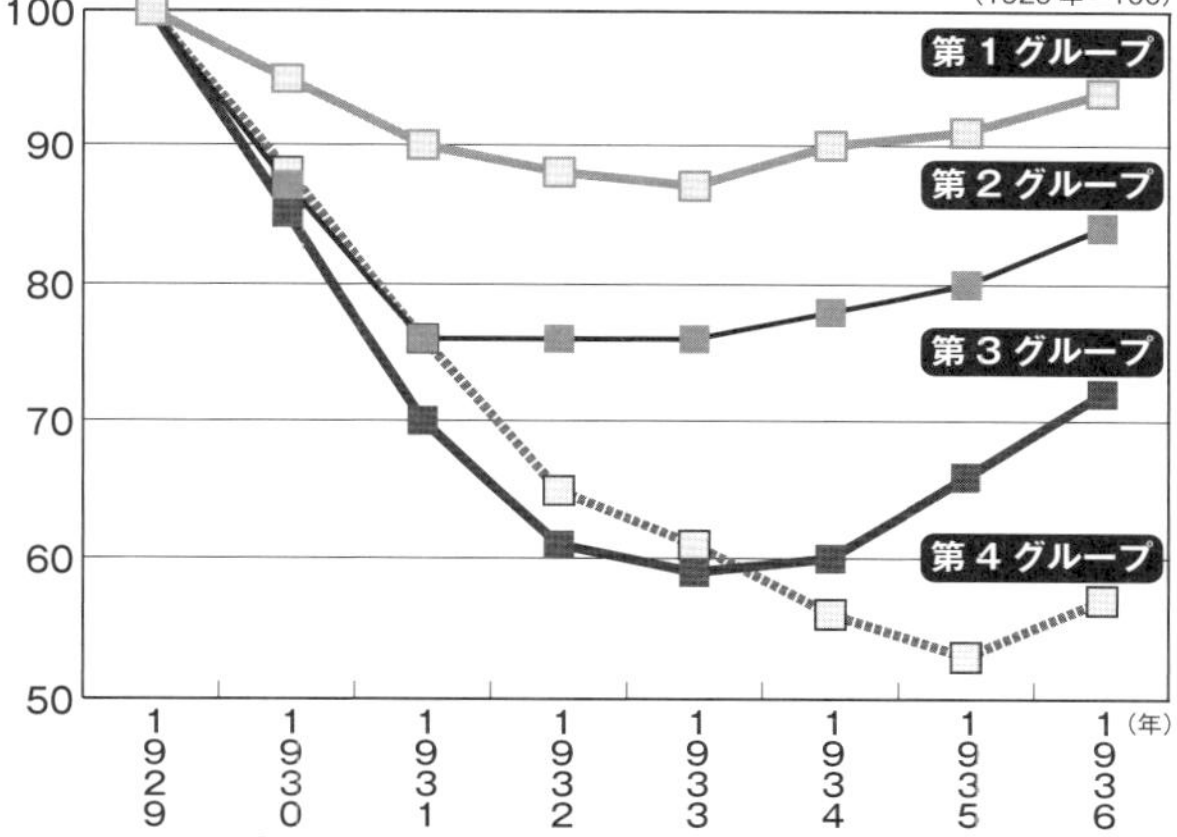

出典：『伝説の教授に学べ！　本当の経済学が分かる本』浜田宏一、若田部昌澄、勝間和代

ス、オランダ、ポーランドの3か国がこれに該当します。

グラフをご覧いただければわかるとおり、金本位制から遠ざかった時期が早ければ早いほど、物価も早く持ち直すという傾向が明らかにみてとれます。やはり金本位制こそがデフレの原因だったのです。

しかし、日本と同じ第2グループにいたイギリスとドイツはそれぞれの国内事情によりまったく違う道を歩みました。そして、その道はいずれも第二次世界大戦につながっていったのです。

イギリスが金本位制を停止すると、同じように金本位制から離脱して自国通貨をポンドにリンクする国々が現れました。いわゆる「スターリング＝ブロック」の誕生です。そう、歴史教科書で悪名高い「ブロック経済」の始まりでした。

スターリング＝ブロックを構成したのはオーストラリア、ニュージーランド、南アフリカ連邦、インドといったイギリス植民地です。これらの国々はポンドを外貨準備としてロンドンの銀行に預け、これまでどおりの貿易決済を行いました。ポンド自体は金本位制を離脱して切り下げられていたので、これらの国々もポンド切り下げの恩恵を蒙ることができたのです。

しかも、ブロックを構成する国が外貨を獲得すると、それはロンドンでポンドに両替されて保管されました。ポンドを買うために外貨が流入するために、イギリスは資本収支黒字になります。

既述のとおり資本収支の黒字は経常収支（貿易収支）の赤字なので、ブロック経済によってイギリスの貿易収支が黒字になることはありませんでしたが、とりあえず通貨の安定を得ることには成功しました。

ドイツの不況が第二次世界大戦への道をつくった

ところが、ドイツは悲惨でした。ドイツは1931年（昭和6年）7月、日本よりも早く金本位制を離脱したにもかかわらず、当時の首相ハインリヒ・ブリューニングは高橋蔵相がやったような実際に貨幣量を増加させる政策を一切実施しませんでした。それどころか、むしろデフレを深刻化させる緊縮政策を採りました。1931年12月8日、ブリューニングは第四次緊急命令を発布し、金融引き締め、賃金切り下げを行います。

当時のドイツはまだ多額の賠償金を背負っており、景気が良くなってしまうとより多くの賠償金をせしめられるという強迫観念があったようです。景気を悪くすれば、もう1円も払えないということをアピールできるとでも思ったのでしょう。

図 19　卸売物価指数

(1913年=100)

1927 年	137.6
1928 年	140.0
1929 年	137.2
1930 年	124.6
1931 年 1 月	115.2
1931 年 2 月	114.0
1931 年 3 月	113.9
1931 年 4 月	113.7
1931 年 5 月	113.3
1931 年 6 月	112.3
1931 年 7 月	111.7
1931 年 8 月	110.2
1931 年 9 月	108.6
1931 年 10 月	107.1
1931 年 11 月	106.6
1931 年 12 月	103.7
1932 年 1 月	100.0
1932 年 2 月	99.8
1932 年 3 月	99.8
1932 年 4 月	98.4
1932 年 5 月	97.2
1932 年 6 月	96.2

出典：ドイツ信用恐慌とブリューニング政策
大泉英次　北海道大学　経済学研究

「物価切下げ」を実施するためにブリューニングがやった政策は「価格統制」です。価格管理委員が任命され、1931年6月30日を基準として最低10％の値下げが命令されました。また、賃金については同年7月1日を基準として10～15％の引下げが命令されました。

これはデフレ基調を強める経済情勢に合わせて、価格や賃金を強制的に調整しようとする試みです。ただでさえデフレなのに、このようなことをすればますますデフレの勢いは増して、国内の需要は減退します（前ページの図19参照）。

1929～1932年（昭和4～7年）にかけて、ドイツの労働者の賃金は30％以上もカットされてしまいました。賃金が減れば人々の購買意欲が大幅に減退します。それは世の中全体の消費、需要の減退も意味します。消費が減ったことにより、ドイツの輸入は大幅に減りました。そのため、この時期の輸出額が大幅に減っていたにもかかわらず、ドイツは貿易黒字になりました。まったく意味のない貿易黒字です。

イギリスが金本位制を脱して通貨安を容認したことを、ブリューニングはドイツの国際競争力の危機と捉えていたようです。そのため、賃下げや物価の引下げによって、ドイツの産業コストを下げることでこれに対抗しようとしたわけです。

以前、ある日本の経営者が「中国人の人件費は安いので、日本の労働者も賃下げに耐えろ」といった趣旨の発言をしたことがありましたが、これはまさにブリューニング と同じトンデモ経済学に毒された発言でした。

ドイツは金本位制を離脱していたわけですから、高橋蔵相がやったような貨幣量を増やす政策を実施すべきでした。そうすれば、自国通貨も安くなるので結果的には産業コストも安くなります。ところが、ブリューニングはマクロ的な視点で経済を見ることができず、賠償金問題という外交問題に矮小化してしまいました。

ヒトラーは〝デフレ〟のおかげで首相になれた

では、なぜブリューニングはトンデモ経済学に毒されてしまったのでしょうか。第一次大戦の賠償金という膨大な対外債務の返済問題をどう解決するかという喫緊《きっきん》の課題があったために、ブリューニングの政策は歪んでしまったようです。「あまりにもボロボロなので、ドイツは賠償負担を破棄してもいいだろう」という外交上の主張を展開するために、経済政策が利用されてしまったわけです。しかし、この政策こそがワイマール共和国とドイツの民主主義の終わりの始まりでした。

デフレ下では、物価の下落とともに、賃金の下落や雇用の不安定化が起こります。

いくら物価が下がっても、人々の生活は楽になりません。1932年（昭和7年）になると、家賃などの値下がりが始まりましたが、給与の削減や失業の増加、緊縮財政による課税強化によって人々の窮乏化はますます進むことになります。

第一次大戦後、ただでさえ困窮していたドイツ国民が、恐慌の深化によってますます窮乏してくると、これまで見向きもされなかった危険な思想に支持が集まります。ご存知のとおり、この時期大衆の人気を博したのはナチスと共産党でした。

アドルフ・ヒトラーはオーストリア出身でしたが、第一次大戦ではドイツ軍に志願して上等兵として戦いました。その勇敢な戦いぶりに、一級鉄十字章を受章したといわれています。第一次大戦末期にイギリス軍の攻撃で負傷したヒトラーは野戦病院でドイツの敗戦を知りました。

そして、ベルサイユ条約によりドイツが多額の賠償金を負わされ、領土も取り上げられてしまったことに大きな挫折感を味わいます。そして、「この戦争は敵に負けたのではなく、社会主義者とユダヤ人の裏切りによって負けたのだ」という「背後からの一突き」説を信じるようになりました。

第一次大戦終了後、ヒトラーはミュンヘンに復員しました。そのころミュンヘンでは、左右両派が暴力で対立する大変な混乱期にありました。ヒトラーは右翼政党の一

図 20　ドイツの国会選挙と主要政党の獲得議席数

	1928 年 5月	1930 年 9月	1932 年 7月	1932 年 11月	1933 年 3月
社会民主党	153	143	132	121	120
国家人民党	78	41	37	54	52
中央党	61	68	76	70	73
共産党	54	77	89	100	81
ナチス	12	107	230	196	288

出典：ヒトラー全記録ー20645 日の軌跡ー阿部良男　2001 年

員としてテロ活動を開始し、１９２３年（大正12年）には「ミュンヘン一揆」を起こして、暴力革命を達成しようとしますが、あえなく鎮圧されてしまいます。これ以降、ヒトラーは合法的な手段を使って政権奪取を目指す路線に転換していきました。

これに対して、１９１８年（大正７年）に結成されたドイツ共産党は、主に第一次大戦中ロシア軍の捕虜収容所にいて「教育」を受けた軍人が中心でした。当初はヒトラーと同じく「暴力革命」を目指していましたが、徹底的な弾圧によりそれが失敗すると、次第に路線転換し、１９２０年（大正９年）以降はヒトラーと同じく合法的な手段によって勢力を拡大する方針になりました。

1924年（大正13年）には共産党の党勢は拡大し、10万人もの党員を有するようになり、1928年（昭和3年）の選挙では54議席を獲得するまでに成長しました。このときの選挙でナチスはまだ12議席しか獲得していません。

しかし、ヒトラーは今の広告代理店さながらの広報戦略を展開し、選挙のたびに議席数を増やしていきました。そして、1932年（昭和7年）7月の選挙では230議席、11月の選挙では196議席という大躍進を遂げました（前ページの図20参照）。

しかし、共産党も7月の89議席から11月の100議席と躍進しています。ナチスのような極右勢力でない人々も、ソ連のバックアップを受けた共産党の躍進に警戒感を抱き、ナチスの力を利用しようとする人も現れます。

また、この年は5月にブリューニング内閣が総辞職、そのあとを受けて成立したパーペン内閣も12月に崩壊してしまいました。「国会議事堂でナチスと共産党がそれぞれの暴力組織を動員して血みどろの喧嘩を繰り返す」といった惨憺《さんたん》たる状況を何とかしたいと思うのは当然です。そこで、大統領のパウル・フォン・ヒンデンブルグは1933年（昭和8年）1月に第一党であるナチスを中心とした内閣を画策し、ヒトラーが首相に就任しました。

この後の展開は歴史教科書にあるとおりです。1933年2月、国会議事堂が放火され、現場にいた元オランダ共産党員のマリヌス・ファン・デア・ルッベが逮捕されました。これをキッカケとして、共産党に対する大弾圧が開始されました。3月には共産党の最高指導者テールマンが逮捕され、国内はほぼ内戦状態となります。そんな最中、同月に国会選挙が実施され、ナチスが圧勝しました。

ナチスは国家人民党と連立内閣を樹立し、3月8日には共産党を国会から追い出しました。そして、3月23日に「全権委任法」を議会で成立させました。この法律は議会の承認を経ずに政府が単独で法律をつくったり、条約を調印したりすることを認めるばかりか、政府の立法が憲法の規定にも優先するという内容でした。こうして、すべての権力がナチスに集中していったのです。

6月には社会民主党の活動も禁止され、最後まで残っていた中央党も7月に自主的に解散してしまいました。ヒトラーは政権発足からわずか4か月にして一党独裁の「ファシズム体制」を確立したのです。

「ブロック経済」が日本に与えた影響とは?

このころの日本は、高橋財政金融政策の成果により、経済はV字回復していました。

歴史教科書では、「〝ブロック経済〟という閉鎖的なシステムのせいで日本は輸出先がなかった」といった大雑把な捉え方をしていますが、1931〜1935年（昭和6〜10年）までは、必ずしもそうではありませんでした。

図21をご覧ください。これは当時の日本の輸出の伸び率を表したグラフです。日本の主な輸出品は「繊維製品」でした。1931年以降の急激な輸出の伸びはイギリスやイギリス植民地において政治問題化したのは事実です。実際に、関税引上げや、輸入数量割当などが行われたりもしました。

1932年（昭和7年）7〜8月に開催された「オタワ会議」で、イギリスとその植民地には相互に特恵的待遇を与え、域外の国々には関税引上げ、輸入数量割当などの不利な条件を与えています。

例えば、インドではイギリスに対する綿布関税率を25％に据え置きますが、1933年（昭和8年）には、日本を含むその他諸国向け関税率を75％に引き上げました。当時のインドの綿布輸入の大半は日本製品だったため、事実上この措置は日本製品をターゲットとする貿易制限であったといえるでしょう。

インドから始まった貿易制限は、カナダ、オーストラリア等のイギリス植民地諸国にも広がり、1936年（昭和11年）には127市場のうち78市場で貿易制限を課さ

図 21　名目輸出と実質輸出

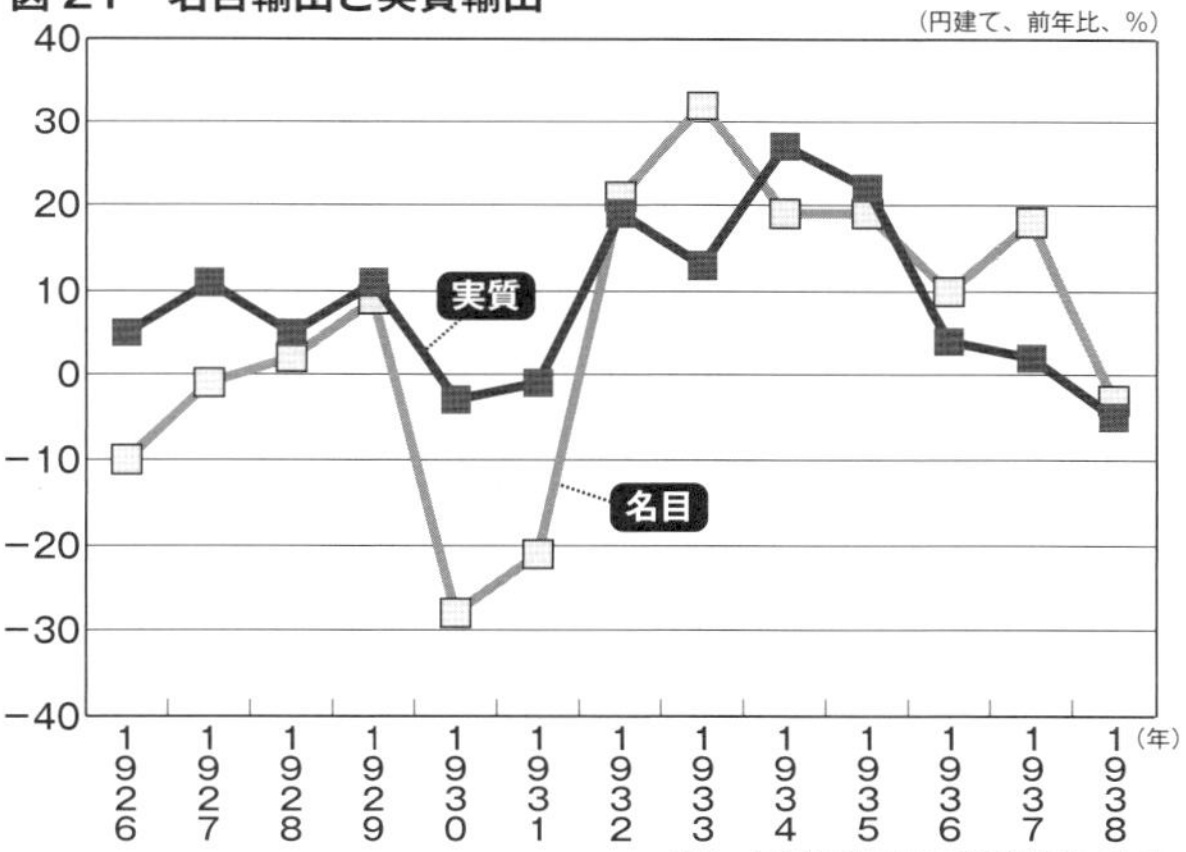

出典：大蔵省理財局『金融事項参考書』各年度

図 22　名目輸出増加率および仕向け地別寄与度

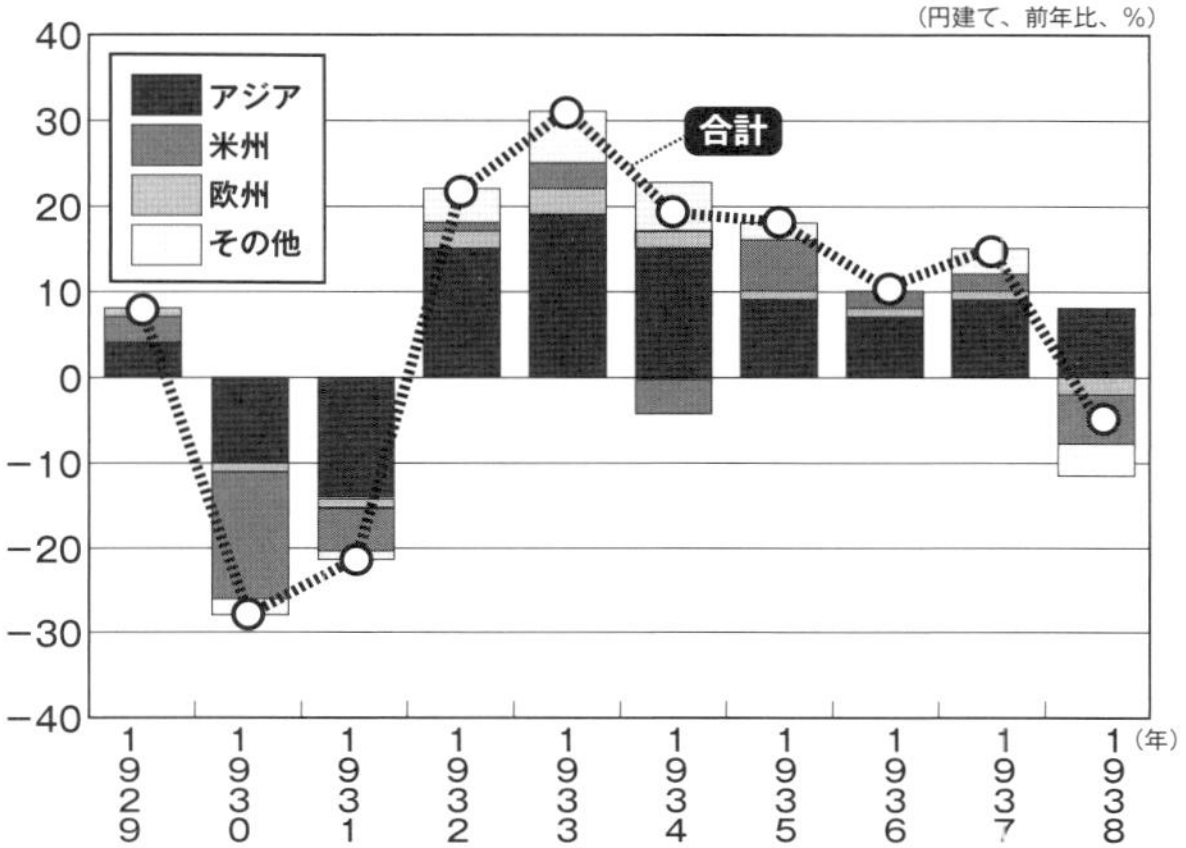

出典：戦間期日本の為替レート 変動と輸出　畑瀬真理子　日本銀行金融研究所

れたという研究もあります。

しかし、輸出統計のデータを素直に読めば、1932年に日本の輸出産業はV字回復し、その後5年連続で対前年比プラスを続けたことがわかります（前ページの図21参照）。調子がおかしくなってきたのは1938年（昭和13年）からのようです。オタワ会議によって日本製品が決定的に締め出されたのであれば、その効果は遅くとも翌年には現れそうですが、実際にはあまり効果がなかったようです。

同じく貿易統計から輸出先別のグラフを見てみましょう（前ページの図22参照）。1932年からアジア向けの輸出が爆発的に増えています。これは1930年、1931年の落ち込みが激しく、その反動で率が大きく見えていると考えられます。1933年からピークアウトしたように見えますが、前年比の増加率はその後もプラスであり、その割合もアジア地域が圧倒的なシェアを占めています。

本当に、ブロック経済が日本にダメージを与えていたのでしょうか。貿易統計からは、その因果関係を指摘するのは難しいと思われます。

偽装右翼＝共産主義者・北一輝

昭和恐慌から見事に復活した日本経済でしたが、１９３５年（昭和10年）ごろになると経済は安定軌道に乗っていると考えられるようになりました。同年7月26日に高橋蔵相は「公債政策に関する声明」を発表しました。

もし今後において、公債が一般金融機関等に消化されず、発行公債が日本銀行背負い込みとなるようなことがあっては、これは明らかに公債政策の行き詰まりであって、その結果としては、いわゆる悪性インフレーションの弊害が表れ、国民の生産力は消費力とともに減退し、生活不安の事態を生ずるに至るおそれがある。

（出典：日本金融政策史資料　昭和編第34巻）

高橋蔵相はこの声明で示した方針どおり、「日本経済は完全に復活した」という認識の下翌年から緊縮財政に舵を切ることを計画していました。しかし、軍事支出の増額を希望する一部の過激な軍人はそれを良しとしませんでした。

1936年（昭和11年）2月26日未明、過激な思想に染まった青年将校が兵士約1480名を率いて政府中枢を襲う事件が発生しました。「二・二六事件」です。青年将校たちが染まっていた思想は、北一輝《きたいっき》などが提唱していた「日本改造法案大綱」に体現される国家社会主義なるものです。

北一輝は随所に天皇などを持ちだして国粋主義を偽装していますが、私有財産制の否定や国家による市場介入の正当化など、その本質は単なる共産主義の劣化コピーでしかありませんでした。歴史教科書では、「青年将校たちは〝国粋主義者〟であり、〝右翼〟だった」というような記述がありますが、これは正しくありません。彼らは「共産主義者」であり、「左翼＝偽装右翼」であったということです。

ちなみに、ソ連のスパイであり、ドイツ大使館員として日本に潜入していたリヒャルト・ゾルゲは、本国ソ連に事件の顚末《てんまつ》を報告すべく現場周辺をうろついていたそうです。

岡田啓介首相、高橋是清蔵相、鈴木貫太郎侍従長など政府の中枢を担う人材がことごとく襲撃され、高橋蔵相は命を落としました。岡田首相は一時行方不明となり、国の中枢機能が一時的に麻痺します。さらに、警視庁や朝日新聞社も襲撃され、永田町、霞ヶ関、赤坂といった都心部が占拠されました。

本来、即座に鎮圧されるべき反乱でしたが、軍上層部のなかには「これを利用して国家改造を進めよう」とする邪《よこしま》な考えを持った人も数多くいました。もちろん、「1933年（昭和8年）にヒトラーが非常事態宣言に乗じて国家権力をすべて掌握した事件」は当然意識されていました。

しかし大日本帝国憲法は、国家が非常事態に陥った場合における天皇大権を認めていました。普段は極めて温厚な昭和天皇ですが、この非常事態に際しては直ちに「賊軍の討伐」を命じました。そして、グダグダとなかなか事態に対処しない軍官僚たちに激怒し、自ら近衛師団を率いて鎮圧するとまで言い出したのです。ここまで言われたら、軍も渋々とはいえ動かざるを得ません。

27日、都内には「戒厳令」が命ぜられ、石原莞爾《いしわらかんじ》が戒厳参謀に就任しました。28日には、賊軍の撤退を命じる奉勅が下り、鎮圧部隊は彼らを完全に包囲しました。そして、アドバルーンやラジオ放送を通じて、武装解除と投降を呼びかけるメッセージが流れました。ついに、右翼を偽装した共産主義革命ごっこは鎮圧されたのです。

この事件に関与した将校約17名には非公開の軍法会議で死刑判決が下されました。また、思想的な支柱となった北一輝も逮捕され死刑となりました。

これで、万事うまくいったかのように思われたのですが、残念ながらそうは問屋が卸しませんでした。この後成立した広田弘毅《ひろたこうき》内閣において、「二度とこのようなクーデター騒ぎを起こさないように」という配慮のもと、「軍部大臣現役武官制」が復活してしまったのです。この制度により軍は内閣を潰す力を得ました。なぜなら、陸軍大臣や海軍大臣を辞職させて引き上げれば、閣内不一致ということで内閣が総辞職するからです。

そして、1936年3月9日に高橋是清の後を受けて大蔵大臣に就任した馬場鍈一《ばばえいいち》は、「公債政策に関する声明」のなかで懸念されていた「やってはいけない政策」をそのままやってしまいました。

経済政策の間違いが「大東亜戦争」を招いた

馬場鍈一は「国債の日銀直接引受」という制度を悪用し、インフレをまったく考慮せず、大量の国債を発行しました。そしてその財源を惜しみなく軍事費につぎ込みました。図23をご覧ください。

これだけ無茶なことをやってしまったため、「いわゆる悪性インフレーションの弊

図23　昭和恐慌前後の日銀の国債保有状況

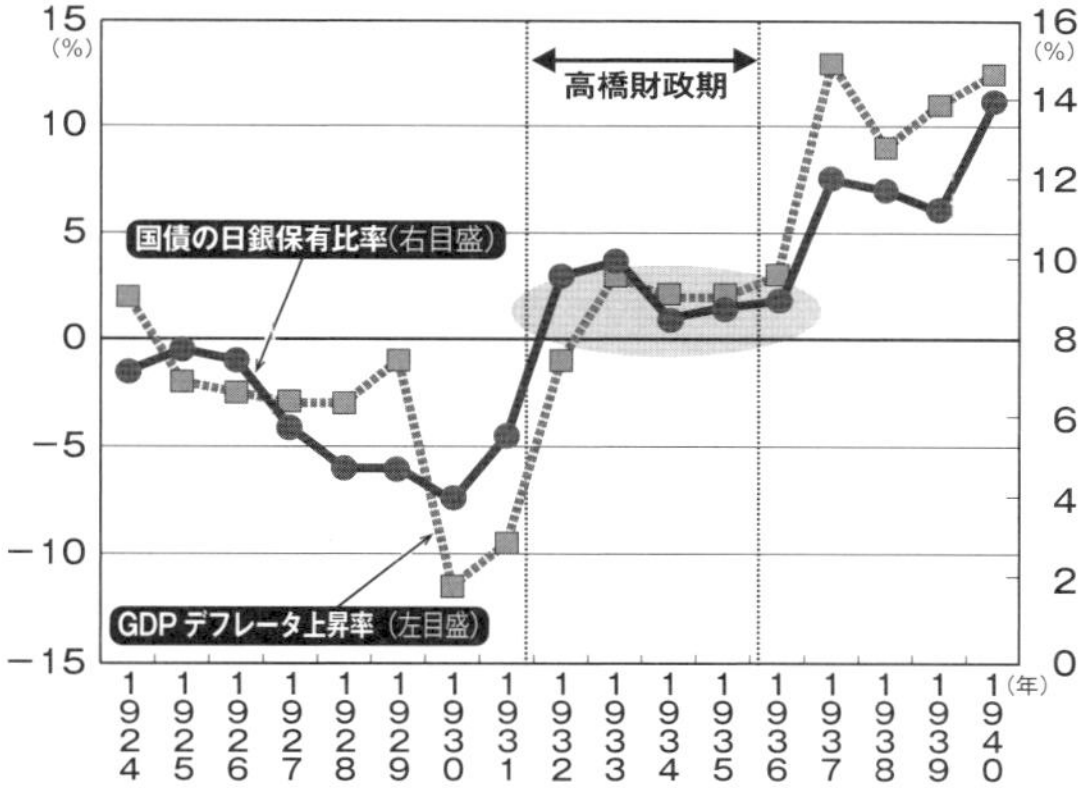

※国債の日銀保有率は国債の発行残高に占める日銀保有残高の割合
出典：『昭和恐慌の研究』岩田規久男編著

害が表れ、国民の生産力は消費力とともに減退し、生活不安の事態を生ずるに至る」ことになります。1936～1940年（昭和11～15年）にかけては、実質成長率は高橋財政期に比べて4割ダウンの4・5％となり、個人消費も2割減りました。しかも、インフレ率は10％台に上昇し、国民の生活は苦しくなりました。

再び、国民生活が困窮すれば、危険な思想が支持を集めるようになります。究極のポピュリスト総理、近衛文麿が誕生した土壌は、やはり経済政策の間違いだったのです。

第一次近衛内閣では、「盧《ろ》溝橋《こうきょう》事件」という単なる現地守備隊同士のつばぜり合いを、日本と支那の〝全面戦争〞まで拡大する愚を犯しました。第二次近衛内閣は政党が解散した後の大政翼賛会のもとで成立し、地政学的には最悪の決断であった「日独伊三国同盟」を締結しました。

さらに、第三次近衛内閣は、対米開戦50日前に政権を投げ出すかたちで終了しています。日米交渉をぐちゃぐちゃにかき回した挙句、東條英機《とうじょうひでき》にすべての罪を擦《なす》り付けてしまったわけです。歴史教科書にあるような「近衛が外交派」で「東條が主戦派」などというレッテル貼りはまったくの嘘っぱちです。

元はと言えば、「支那事変の拡大」こそが「帰還不能点（ポイント・オブ・ノーリターン）」でした。そして、これこそソ連のスターリンが日本を滅ぼすために使った「砕氷船《さいひょうせん》テーゼ」のシナリオどおりの出来事だったのです。

日本を蒋介石《しょうかいせき》の国民党政府との泥沼の戦いによって消耗させ、さらにこの戦いにアメリカを巻き込み、日本が弱体化しきったところで背後から襲って「共産主義革命」を達成する。これこそが、コミンテルン第6回世界大会で確認された〝方針〟でした。このようなバカげた考えに基づいた謀略があったとしても、日本経済がしっかりしていて人々の精神状態がまともなら誰も引っかかることはなかったでしょう。

しかし、長引く不況と困窮する生活のなかで、人々は現状の「革命的な打開」を求めていました。その期待を社会の「改革」とか「新体制」といったものに投影し、日本は幕末の志士たちがつくり上げた「議会制民主主義」と「強固な安全保障体制」を自ら毀損《きそん》するという暴挙に出たわけです。

しかも、「ベルサイユ体制の打破」を叫んで、強権的な手段で政権を奪取した全体主義国家であるナチスドイツと同盟を組んでしまうというセンスのなさは異常です。地政学的には、日本は「シーパワー」の国であり、典型的な「ランドパワー」の国であるドイツとはつかず離れずで、距離を置くべきでした。そして、アメリカの圧力で「日英同盟」が破棄されそうになったときも、もっと徹底的に粘るべきでした。

実はアメリカも不況に喘いでいた!

ところが、アメリカも世界恐慌の後、金本位制離脱が遅れ、景気が低迷していたことや、ニューディール政策が一時的にうまくいったにもかかわらず、早過ぎる出口戦略を採用したことで、1937年（昭和12年）から不況が再来する（「ルーズベルト恐慌」）という大失敗を犯しました。もちろん、アメリカ経済が好調であれば、当時コミンテルンがアメリカで流布していた「反日キャンペーン」というバカな話に耳を貸す人はいなかったでしょう。ところが、フランクリン・ルーズベルトの経済政策はせっかく収まりかけた恐慌を再来させてしまったりするなどハチャメチャでした。

経済が不安定化すれば人々が困窮し、極端な考えに人々が群がるのはアメリカでも同じです。折からアメリカ国内で展開されていたコミンテルンの徹底した反日プロパガンダによって、日本に対する敵対的な政策が次々と採用されました。

コミンテルンが狙っていたのは「日米を戦わせてお互いに消耗させること」、つまり「砕氷船テーゼ」です。アメリカ政府機関内にいるスパイが総動員され、ルーズベルト大統領の反日政策は病的なレベルにまで達していたわけです。

そして、ついに1941年（昭和16年）12月8日、無能な海軍司令官山本五十六《やまもといそろく》は、真珠湾攻撃を決断します。それは「フィリピン沖で日米決戦」という日本海軍が何十年もシミュレーションして準備してきた必勝プランを捨てる無謀なギャンブルでした。多くの参謀に反対されたにもかかわらず、山本が辞任をチラつかせて無理やり強行した愚策です。

もともと海軍が持っていた作戦プランは、フィリピンでアメリカ軍を殲滅《せんめつ》し、大量に獲得した捕虜を奪還するためにやってくるアメリカ海軍と水深の深い海上で艦隊決戦するというものでした。アメリカ艦船が大量に沈めば、戦死者が数千人単位で出てくることになります。

当時の日本海軍の砲弾命中率は、「アメリカ海軍の3倍」と言われています。真珠湾攻撃さえなければ、空母の重要性もアメリカが知ることはありませんでした。最悪引き分けたとしても、大量の戦死者が出ればアメリカ国内で一気に厭戦ムードが広まります。

しかも、フィリピンは植民地でありアメリカの領土ですらありません。ルーズベルトは「若者を戦場に送らない」と公約して大統領選挙に勝ったのに、アイツは嘘つきだということになったでしょう。

ところが、無能な山本五十六はわざわざ真珠湾まで出掛けて行って、占領もせず帰ってきました。しかも、日本海軍の手のうちを全部見せて「航空作戦」の重要性をアメリカにわざわざ教え、アメリカ人のやる気にまで火をつけてしまいました。バカ丸出しです。

経済においては「悪性インフレによる〝生活の困窮〟」、戦争遂行においては「無能な指揮官による〝勝つ見込みのない戦い〟」が遂行され、まさに日本は存亡の危機に直面したのでした。

日米激突の真相

日米が激突せざるを得なかった理由はいくつかあります。地政学においては、「大国は大国である限り必ず他の大国と衝突する」という掟があります。アメリカは独立当初イギリスやフランスとは比べようがないほど弱い小国でした。そんな小国がヨーロッパの事情に介入できるわけもなく、「孤立主義（モンロー主義）」を一方的に宣言し、ひたすらインディアンを虐殺することで領土を拡張していました。

そして「南北戦争」（1861～1865年）で北軍が勝利し、アメリカが中央集権的な国家として再スタートを切る19世紀後半から、今度は徐々に大国への道を歩み始めました。それを決定づけたのは第一次大戦です。前述のとおり「戦争特需」「復興特需」は、アメリカへの大量の金流入をもたらし、金本位制下において最大の経済力を持つようになりました。

当時の日本は、アメリカには及ばないまでも、アジア地域においてはダントツの経済力と軍事力を持った地域大国でした。また、1932年（昭和7年）以降、ベルサイユ体制をなし崩し的に破壊して軍備拡張を続けるドイツもヨーロッパにおける地域大国の地位を回復しつつありました。そして、ロシア革命以降、国内で血の粛清を繰り返しながら軍備拡張に走るソ連も同じく地域大国であったと言ってもいいでしょう。

地政学の掟に従えば、これらの国々はいずれ何らかのかたちでアメリカと決着をつけざるを得なかったわけです。ドイツは1944年（昭和19年）、日本は1945年（昭和20年）、ソ連は1991年（平成3年）にアメリカに敗北しました。

そして今、新たなチャレンジャーとして支那が台頭しつつあります。「弱体化したアメリカは支那に頼るしかない。米中一体化が〜!!」などと言っている人がいるそうですが、その人はまったく歴史を知らないか、あるいは支那共産党の願望を代弁しているかのいずれかです。つまり、歴史を知らないバカか、支那のスパイということです。支那が大国になろうとする限り、アメリカとの対立は絶対に避けられないのです。

イギリスという大国はアメリカが独立した後も、たびたびアメリカと戦争し、対立してきました。しかし、第一次大戦によって経済がガタガタになり、アメリカに逆らっても勝てないことがわかると、戦わずしてアメリカに屈服し、追随するしかないということを悟りました。それを決定づけたのは、1922年（大正11年）2月の「ワシントン会議」において締結された「四か国条約」です。

この条約により、日本・イギリス・アメリカ・フランスの四か国は太平洋上の島嶼《とうしょ》

（大小さまざまな島）の現状を維持すること、仮に紛争があった場合は共同で会議を開いて調整するということが決まりました。軍事同盟である日英同盟はこの条約の精神と矛盾するということで、わざわざ第4条にその終了が明記されています。なぜなら、日英同盟が存続した場合、太平洋上で日米戦争が起こるとイギリスは自動的に日本側に立って参戦することになるからです。

では、日本はどうすべきだったのか。日本もイギリスに倣《なら》い、アメリカとは喧嘩せずにやり過ごせばよかったのではないかと考える人も多いでしょう。もちろん、当時の政府首脳もそのように考え、実際に四か国条約から始まるワシントン体制に協力する方針を採りました。しかし、1930年（昭和5年）の「ロンドン海軍軍縮条約」において、「統帥権干犯《とうすいけんかんぱん》」問題が発生します。

政府が戦争を決定したら、軍は戦争に勝つためにあらゆる手段を講じます。勝つための手段を軍に任せるというのが、統帥権の真の意味です。これは日銀の独立性と同じです。日銀は政府に与えられた目標を達成するために、あらゆる手段を自由に使うことが許されています。しかし、それはあくまでも手段の独立性であって、目標そのものを決めていいという話にはならないわけです。

海軍軍縮条約の交渉において、本来は統帥権の出る幕などありません。しかし、民政党の浜口内閣をどうしても引きずり降ろしたい野党の政友会は、こんな無理筋な議論がたまたま新聞に取り挙げられて国民が大騒ぎになったことを利用し、なんと政争を仕掛けてしまったのです。もちろん、このとき経済が絶好調なら、こんなバカなツッコミをまともに相手にする国民などいなかったでしょう。

ところが、経済失政が続く浜口内閣を引きずり降ろせるなら何でもいいとばかりに、多くの国民がこのツッコミに熱狂してしまいました。「米英は日本の弱体化を狙っている〜!!」と騒いでいるバカな人が今でもいますが、このときの熱狂もまさにその被害妄想さながらに愚かなものでした。

翌年に満州事変が起こり、再び国民に統帥権干犯事件のときの熱狂と被害妄想が蘇ります。そして、ついに日本は国際連盟を脱退するという最悪の選択をしてしまいました。高橋財政金融政策による景気回復は、タッチの差で間に合わなかったのです。イギリスと同じく、多少の不満を抱えつつもアメリカとは喧嘩をしないように頑張ってきた先人たちの努力が、この瞬間、水泡に帰したのです。

国民の熱狂と被害妄想を煽ったのは、尾崎秀実などコミンテルンのスパイが流し続けた「アメリカ陰謀論」です。平時なら誰も相手にしない稚拙な陰謀論を、真《ま》に受けてしまった当時の日本国民の精神状態は普通ではありませんでした。経済的に困窮した人々が現状打破を求めるのが世の常です。たとえそれがとても極端で危険な考えであっても、日本を滅ぼしたい邪な連中が流す毒電波であっても、そんなことは関係ないのです。

「スパイが敷いたレールの上を破滅に向かって全力疾走するバカ」。厳しいようですが、これが当時の日本を表す最も的確な言葉です。

終章【日本の戦後復興】

焼け野原から「高度経済成長」を成し遂げた奇跡の国・日本

被害総額＝約1340億円、失業者1000万人以上

愚かな決断は、最悪の結果を招きました。１９４５年（昭和20年）８月14日、日本は「ポツダム宣言」を受諾し、翌日の「玉音放送」でそのことが国民に伝えられました。

大東亜戦争の敗戦によって、日本は甚大な被害を受けました。経済安定本部の調べによれば、その被害総額はなんと約１３４０億円。これは当時の国富（国民全体が保有する資産から負債を差し引いた正味資産）総額の41・5％に当たりました。

国民経済研究協会の調べによると、終戦直後の製造業生産力は１９３５～１９３７年（昭和10～12年）の１割以下、鉱工業生産力は１９３５年の２割強まで落ち込んでしまいました。戦死者１８５万人、負傷・行方不明者67万人、空襲などにより離散者８７５万人です。

さらに、これに加えて大量失業が日本経済を襲います。なぜなら、戦争が終わったために、軍人３６０万人、軍需産業の従事者１６０万人が全員解雇されてしまったからです。

また、支那共産党やソ連共産党が進駐してきたために、支那大陸から着の身着のままで逃げ帰ってくる人や南方からの引揚者など、全体で約650万人もの海外居住者が日本に帰ってきました。軽く見積もっても1000万人以上の失業者が終戦と同時に発生してしまったという計算になります。

敗戦直後から日本政府は「大量失業」と「物資不足」という困難な問題に対処しなければなりませんでした。念のため確認しておきますが、敗戦によって日本政府が解散したわけではありません。ポツダム宣言には、日本軍に対して無条件降伏を求めるとは書いてありますが、日本政府を解散せよとはどこにも書いてありません。

日本はドイツと違って軍が無条件降伏しただけで、政府は存続していました。終戦と同時に、アメリカ軍が進駐してきますが、アメリカはあくまでGHQ（連合国軍最高司令官総司令部）を通して、日本政府に「アドバイス」するだけであって、ドイツのような連合国による軍政や分割統治を行ったわけではありません。

ただし、その「アドバイス」が、天皇陛下や国民を人質に取り、核兵器による脅迫をしながらのものであったことは周知のとおりです。

「公定価格」と「闇市価格」の乖離

さて、日本政府はこのような状況において、経済的な混乱を何とか抑え込むべく奮闘しました。この時期の経済政策の状況を物価から眺めると、３つに大別することができます。

①終戦直後から１９４７年（昭和22年）秋までの「インフレ加速期」
②１９４７年秋から１９４９年（昭和24年）秋までの「インフレ減速期」
③１９４９年秋から１９５０年（昭和25年）秋に朝鮮特需が始まるまでの「デフレ期」

まず①のインフレ加速期ですが、１９４５年（昭和20年）8月から11月ごろまで復員、解雇手当や軍需会社への補償金等などの総額１４０億円の財政支出が発生しました。さらに、10月以降は軍需生産停止に伴い経営危機に陥った企業の救済のため、銀行貸出が増えました。そのようななか、人々が物価の上昇前に物資を購入しようと預金引き出しに走ったため銀行経営は悪化します。日銀は銀行への貸出を急増させてこれらに対処せざるを得ませんでした。

もともと戦争による生産設備の破壊で日本の供給力が大幅に落ち込んでいたにもかかわらず、戦後処理のために財政支出が拡大し、日銀による銀行への資金供給も拡大していました。これならインフレになって当然です。

政府は価格統制の対象から生鮮品を外すことで価格の上昇を図り、より多くの物資が出回るように画策しますが、当初はＧＨＱがこの動きを妨害します。それでも、物資の不足は深刻だったため、１９４５年の10月３日に政府は生活必需物資のうち特定緊急物資以外のものについて配給を停止し価格統制を緩和しました。

しかし、ＧＨＱは相変わらずこの方針に反対し、同年11月６日に生鮮食料品の価格統制撤廃は認めましたが、生活必需物資の統制撤廃には最後まで反対しました。そして、逆に統制を強化すべしと「アドバイス」してきたのです。

もちろん、価格統制などうまくいくはずがありません。そのひずみは「公定価格」と「闇市物価」の乖離《かいり》というかたちで表れました。人々は闇市場で売ったほうが高く売れるものは隠匿《いんとく》して表に出そうとしません。それが売り惜しみのような状況をつくりだして、ますます物資の不足を招いてしまうわけです。「東京地検特捜部」は、このころ闇市場に流通する隠匿物資を摘発するためにつくられた組織でした。

しかし、いくら取締りを強化したところで、闇市場に流すことの経済的なメリットは消えません。つまり価格統制が継続されたことで、結局次から次に闇業者が生まれ、取締まりはモグラ叩きのような状態になってしまったのです。

「旧円から新円への切り替え」と「預金封鎖」

業を煮やした政府は、1946年（昭和21年）2月16日に第一次総合インフレ対策を発表します。発表の翌日から金融緊急措置が実施され、「旧円から新円への切り替え」と「預金封鎖」が行われました。闇市などで流通している旧円はこの日を境に通貨としての価値がなくなってしまうため、地下経済は地上に出てこざるを得なくなりました。

具体的には、2月17日に預金は閉鎖され、旧円紙幣は3月2日をもって廃止されました。旧円は新円と交換しない限りその後は流通できないわけです。しかも、交換期間は2月25日から3月7日と定められ、しかもその方法は銀行預金を介するやり方に限定されました。新円への交換のために預け入れられた銀行預金は封鎖されています。

封鎖された預金からの現金を引き出す場合は、原則的に毎月世帯主300円、世帯員一人につき100円（3月30日からは、一律一人100円）までに限定されました。

新円への切り替えの効果は確かにありました。しかし、それは極めて短期的かつ限定的なものでした。日銀券は2月18日の618億円から3月12日の152億円へと一時的に収縮しています。

ところが、戦時中我慢の連続で、しかも爆撃によってあらゆるものを失っている日本国民の旺盛な需要を抑え込むことは無理でした。4月になると、日銀券は再び増加に転じ、9月になるころには旧円封鎖直前の最高発行高を簡単に突破してしまったのです。

1946年5月、第一次吉田内閣が成立し、戦前金解禁論争で活躍した東洋経済新報社社主の石橋湛山が大蔵大臣に就任しました。石橋は日本におけるリフレ派のパイオニアであったことは先述のとおりです。石橋が大蔵大臣に就任すると、経済危機緊急対策は事実上打ち切られました。そして、インフレの主因は物資不足なので積極的な財政政策によって日本の供給力を高める政策が実施されました。

石橋はまず初めに、闇市場へのインセンティブをつくっている価格統制をより柔軟に運用することから始めます。具体的には、1946年6月以降、公定価格は毎月改定されるようになりました。

また、闇市価格より著しく安く設定されていた公定価格を実勢価格に調整するために支給されていた価格調整補給金が増額されます。また、8月には日本興業銀行のなかに「復興金融部」、翌年1月には「復興金融金庫」を設立し、不足していた投資資金を大量に貸し出せる態勢を整備しました。

復興金融金庫はとにかく不足していた鉄鋼の生産と、それを可能にするためのエネルギーの確保に全力を挙げました。これは「傾斜生産方式」として知られているものです。

1947年（昭和22年）1月7日、政府は「産業資金の供給に関する措置要綱」を閣議決定して、重要産業への融資を優先する資金統制を始めました。これはある種の社会主義政策です。経済安定本部が四半期毎に定める生産計画に基づき、その産業に割り当てる資金総額が決定され、業種別の優先順位に従って配分されました。この時期に業務を開始した復興金融金庫が鉄鋼業や石炭産業を重視したのは、このようないきさつによるものでした。

1949年（昭和24年）3月末の復興金融金庫の融資残高は1320億円で、当時の日本の銀行融資額の25％弱を占めていました。復興金融金庫は貸出資金の7割を復興金融債（復金債）の日銀引受に頼っていました。よって、復興金融金庫が融資を増やした分だけ、貨幣量が増加します。当時の日銀券の発行増加額の約4割は復金債の引受によるものでした（「復金インフレ」）。

とはいえ、このような社会主義政策がうまくいくわけはありません。優先的に資金を割り当てたにもかかわらず、鉄鋼業と石炭産業の生産は想定していた水準を下回りました。そして、資金が不足した一般産業は大きな打撃を蒙ります。特に、輸送業と電力業は大きな打撃を受けました。

GHQのアドバイスによる「価格統制」

この状況を見かねたGHQは1947年（昭和22年）3月、日本政府に書簡を送り、経済危機を克服するために対策をとるように「アドバイス」してきました。そこで、翌月の選挙で3党連立によって成立した社会党の片山哲内閣は、経済緊急対策として次のような方針を発表します。

①　食料確保と遅配防止
②　物資流通秩序の確立
③　賃金・物価の改定と安定
④　財政、金融の健全化
⑤　生産増強と能率向上
⑥　勤労者の生活と雇用の確保
⑦　輸出の振興
⑧　企業の国家管理実施

このなかで最も重視されたのは、やはり「価格統制」でした。新価格体系は、1947年7月5日に第一次分が発表され、工業総平均賃金は1934〜1936年（昭和9〜11年）平均の27・8倍の1800円に、基礎物資の価格は1934〜1936年平均価格の約65倍を限度として約60倍との間の安定帯に落ち着かせるとされました。価格安定帯を越える物資には補給金が支出されることも決定されます。

この新物価体系の設定によって、公定価格が約2・3倍に引き上げられたため、闇物資の一部は正規ルートに戻ってきました。しかし、闇市価格と公定価格の乖離を補助金で埋めるという政策が続いたため、結局、財政支出を切りつめることはできませんでした。

また、復興金融金庫を活用した融資も続いたため、インフレの最大の原因は放置されてしまったのです。政府は再び価格統制によるインフレの安定を企図して、１９４８年（昭和23年）６月に統制価格の改定に挑みます。

しかし、インフレの原因である貨幣量の増加を放置するという政策のレジームは変わらなかったので、統制価格の改定はすぐに失敗してしまいました。結局、同年10月８日には、１１１品種、約１万３０００点の統制価格は維持することができなくなり、撤廃されてしまいました。

占領政策の大転換

実はこのころ、対米関係が大きな転換点を迎えていました。日本を滅ぼすまでは蜜月だった米ソの関係がギクシャクし始め、世界各地で米ソの勢力争いが激化してきました。世界全体が冷戦構造に組み込まれていくなかで、日本は東アジア地域の〝赤化《せっか》（思想が共産主義になる）〟を防ぐ橋頭堡《きょうとうほ》として意識されるようになります。

アメリカは本当にバカです。大日本帝国を追い込んで滅ぼさなければ、支那や朝鮮半島の一部がソ連の勢力圏下に入ることはなかったのです。しかし、こうなったら仕方ありません。弱体化させる予定だった日本を復活させて自陣営に取り込むしかありません。

この時期、アメリカの占領政策は大きく転換しました。当初は日本を「二度と戦争ができない国」にする予定だったため、社会党の片山内閣を後押しして日本を腑抜《ふぬ》けにするはずでした。ところが、冷戦構造の激化により、日本弱体化ではなく、日本経済を復興させなければいけなくなります。

1948年（昭和23年）3月、ソ連封じ込め論で有名なあのジョージ・ケナン国務省政策企画部長が来日しました。そして、本格的に日本経済を復興させるために、インフレ問題を解決することが不可欠であるとの認識が示されました。同時期に片山内閣は崩壊し、芦田内閣を経て、第二次吉田内閣が成立しました。

日本国内においてもこの提言を先取りする動きが見られました。経済安定本部を中心として、ケナンが来日する半年ほど前の1947年（昭和22年）秋に「中間安定計画」の構想が進められます。

ケナンが示した認識も日本側が構想していたことも、ようするにインフレを抑制するために緊縮財政を実施し、金融を引き締めることを目的としていました。問題はそのスピードをどうするかということです。

日本側としては、急激な引き締めは景気に悪影響を与えることから「中間安定策」という弱い引き締め期間を経て、必要に応じて真の安定化に誘導しようと意図していました。そのため、最終的に閣議決定された「経済安定十原則は」は次のような内容でした。

①重要国内資源を開発し、生産を増強する
②統制物資の割当配給制度に計画性を持たせ、これを強力に実施するとともに、闇市場の徹底的撲滅を図る
③食糧供給制度を改善して、割当を増加する
④公的価格の厳守を図り、違反者は即時処罰する
⑤弾力性ある賃金安定策を早急に実施する
⑥税収増加の計画を促進し、脱税者に対しては、刑法上の訴追をもって厳重に取り締まる
⑦公平の原則によって租税の再配分を行う

⑧ 特別会計の赤字を組織的に減少させる
⑨ 外国貿易の管理と行政事務を改善し、日本政府の適当な機関のもとに、外国為替管理を確立する
⑩ 現在の資金統制を強化する

しかし、アメリカ政府はインフレの抑制は急務であり最優先事項であると考えていました。よって、日本側から示された改革案はまだまだ手ぬるいと考え、より過激な「経済安定九原則」を実施するよう「アドバイス」してきました。その内容は次のとおりです。

① 支出を極力引き締めることによって、できる限り近い将来に総合予算の真の均衡を図り、必要かつ適切な新歳入を求めて政府の全歳入を最大限に拡大する
② 徴税計画を促進強化し、脱税者に対し、速やかにかつ広範囲に徹底的な刑事訴追措置を図る
③ 真に経済復興に貢献する事業に限り、融資を与えるよう限定する
④ 賃金安定を実現するための効果的計画を策定する

⑤現行の価格統制計画を強化し、必要あれば範囲を拡張する
⑥外国貿易管理の操作を改善し、現行外国為替管理を強化すること、これらの措置を適切に日本側機関に委譲することができる程度まで行う
⑦現行の割当と配給制度を、輸出貿易を最大限に促進させることを目標に改善する
⑧すべての重要国産原料と工業製品の生産増大を図る
⑨食料供出計画の能率を向上する

さらに、アメリカはこの9項目に加えて「単一為替レートを速やかに設定すること」を大原則にすると伝えてきたのです。

しかも、これらと引き換えに多額の対日援助が実施されることになりました。もはや選択の余地はありません。これは〝アドバイス〟ではなく、〝命令〟でした。そして、ハリー・S・トルーマン大統領はすでにドイツの経済安定化で辣腕《らつわん》を振るっていたデトロイト銀行頭取のジョセフ・ドッジを転出させ、GHQの財政顧問として送りこんできました。

GHQ財政顧問ドッジの「超緊縮財政」と「朝鮮特需」

１９４９年（昭和24年）に来日したドッジは日本政府に対して、「超均衡予算」「復金融資の停止」「価格差補給金の停止」をアドバイスしました。そして、昭和24（１９４９）年度予算案は組み替えにより１５６７億円の黒字を計上する超緊縮予算案につくり変えられ、ほとんど無修正のまま国会で成立してしまいました。

また、予算成立後、ＧＨＱは１ドル３６０円の公定為替レートの使用を指令し、４月25日から実施されました。これは当初日本側が想定していた１ドル３００円よりもかなり円安な為替レートでした。

超緊縮財政により、日銀券発行高は減少し、闇市では価格が急落しました。しかし、急激なデフレが経済に悪影響を与えることはわかっています。そこで、政府はデフレ状態を少しでも緩和するため１９４９年の６月から８月にかけて、民間が保有する興銀債、優良社債、復金債などを積極的に購入し、市中にお金を供給しました。

１９４９年10月、ドッジは再来日し安定化計画の第二期として、１９５０年（昭和25年）１月から15か月予算が編成されました。第二期においては、給与水準、公務員

図24　戦後期の消費財インフレ率
1946年9月～1951年12月

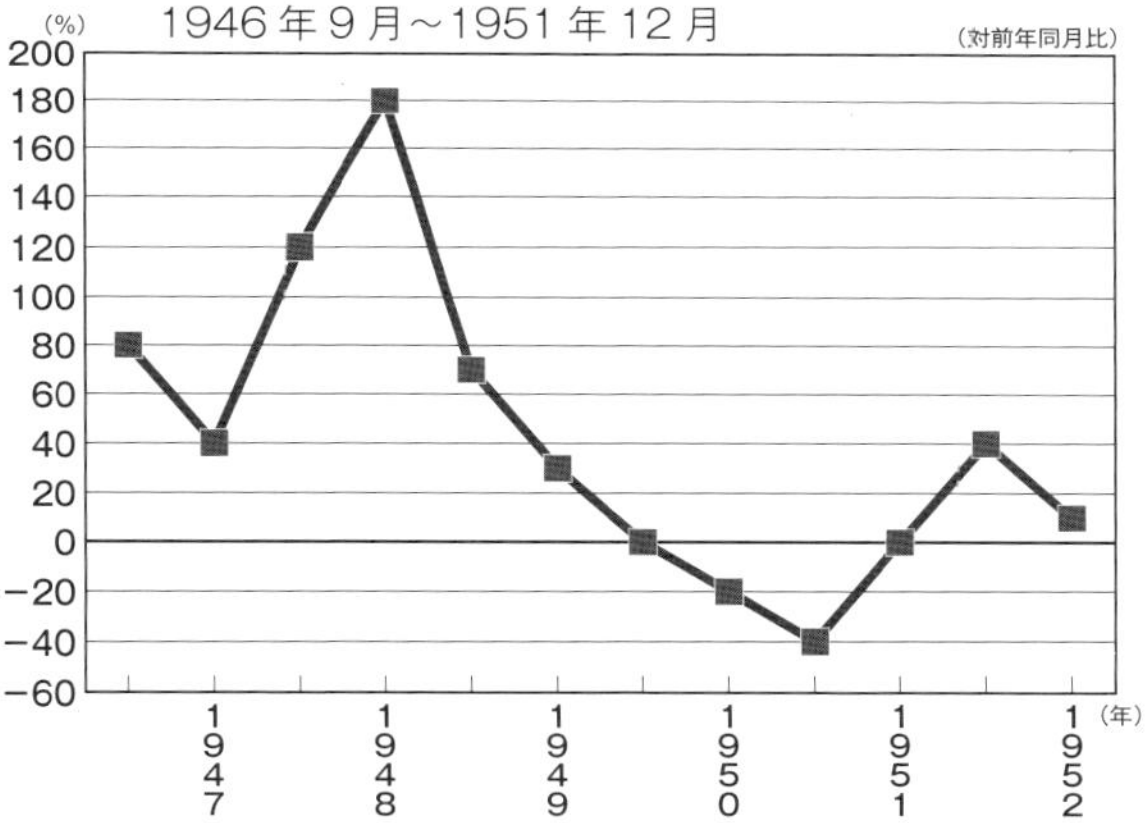

出典：大蔵省財政金融研究所「フィナンシャル・レビュー」November-1994

図25　戦後期のマネーサプライ（M1）増加率
1945年1月～1952年12月

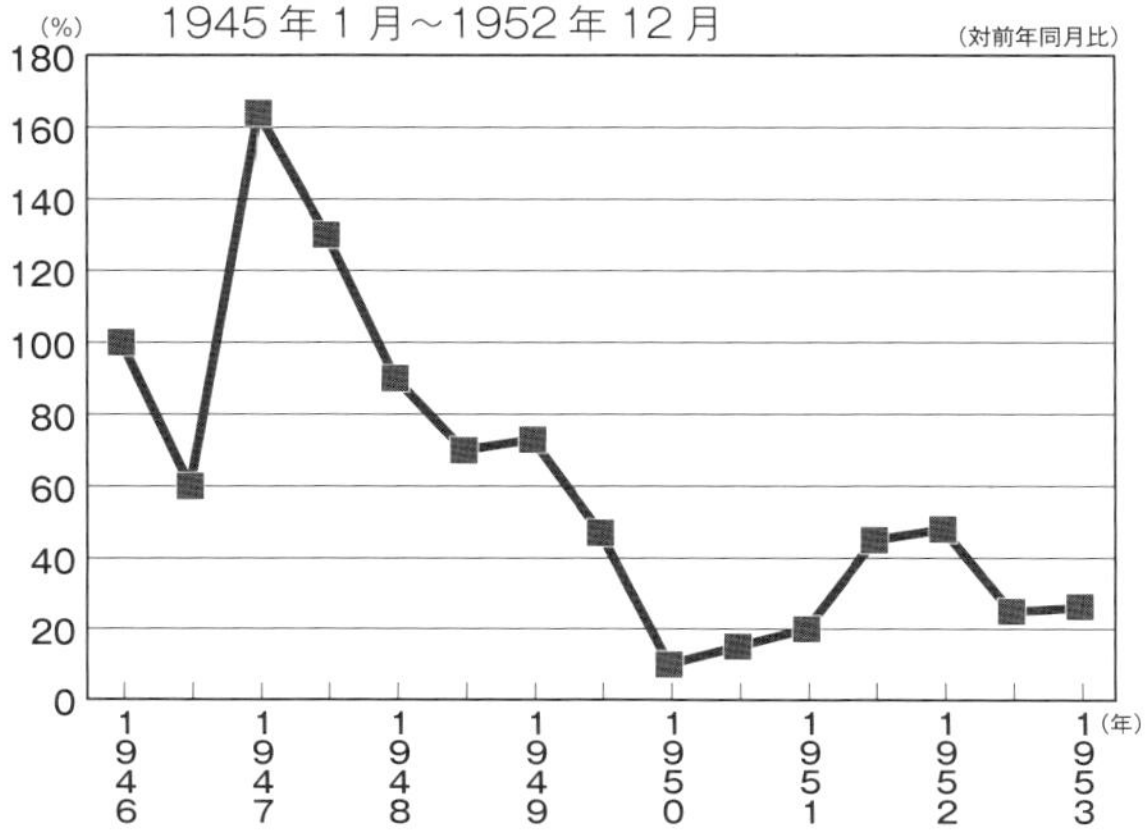

出典：大蔵省財政金融研究所「フィナンシャル・レビュー」November-1994

給与ベースが据え置かれ、経済統制が緩和、整理されることになりました。そのようななかで勃発したのが「朝鮮戦争」（1950～1953年（昭和25～28年））でした。

１９５０年6月25日、突如北朝鮮の朝鮮人民軍10万の大部隊が韓国を奇襲。韓国軍と韓国に駐留していたアメリカを主力とする国連軍は、なす術《すべ》もなく釜山周辺まで敗走しました。発生から5日後、アメリカは地上軍の増援を決定、7月1日から大々的な物資調達が始まりました。「朝鮮特需」の始まりです。

ＧＨＱによれば、6月25日から8月5日までの特需契約高の合計は、物資51万ドル、サービス76万ドルの合計１２７万ドルでした。ドッジによる引き締め政策で需要が低迷していた日本経済は突如として活気を取り戻します。

この時期、例えば機関車の在庫23両（約5億円）が瞬時にして完売するといった信じられないことがたびたび起こったそうです。アメリカ軍が物資を調達するわけですから、基本的に支払いはドルで行われます。このことが日本経済にとっては大きな追い風となりました。

急成長を遂げた日本の自動車メーカー

第二次世界大戦終結後、世界経済は旧来の金本位制に復帰することはありませんでした。これは「金本位制が経済の不安定化を招く」という反省に基づくものです。

新しい通貨体制においては、まずアメリカドルを「基軸通貨」と定め、アメリカドルに限って1オンス＝35ドルの金との交換レートを設定します。そして、その他の国は自国通貨のドルに対する固定レートを定めます。こうすることによって、アメリカ以外の国々は金の保有量に縛られることなく、ドルと自国通貨の関係だけを考えればいいことになります。

具体的に言えば、金を保有していなくても、ドルさえ保有していればその上限まで自国通貨を発行できるわけです。しかも、固定レートを維持する限り、金との兌換《だかん》もドルを通じて間接的に保たれています。

まさに、金本位制が持つ信頼感を維持しつつ、金不足によるデフレを回避するという画期的な発明でした。これが世にいう「ブレトン・ウッズ体制」です。

朝鮮特需によって大量のドルが日本に流入することは、すなわち日本円をそれに合わせて増刷しなければならないことを意味します。つまりドッジの「緊縮政策」から、なし崩し的に「緩和政策」に転換してしまったのです。

それまで瀕死《ひんし》の状態にあった業界が一気に復活しました。その代表は「自動車業界」です。トヨタ自動車には、戦争が勃発した1950年（昭和25年）6月25日から1か月と経っていない7月10日に、米軍から大量発注が舞い込みます。

7月10日には早くも米国第8軍調達部からトラックの引き合いがあった。トヨタでは、BM型トラック1000台を受注し、7月31日にトヨタ自工・自販共同で契約を締結した。納入は、翌8月に200台、9月と10月に各400台であった。その後もトヨタは、8月29日に2329台、翌1951年3月1日に1350台と合計4679台のBM型トラックを受注した。金額にすると36億6000万円である。

（出典：トヨタ自動車75年史）

1949年（昭和24年）5月に上場したばかりのトヨタ自動車の売上はドッジによる緊縮政策の影響で年間40億円程度に落ち込んでいました。ところが、36億円もの米軍からの巨額発注など朝鮮特需の様々な影響により、翌年の売上は2・5倍増の約1

図 26　朝鮮特需向け車両内訳

企業名	受注年月日	台数	納期
日産	1950 年 8 月 12 日	2,915	1950 年 9 月～ 1951 年 2 月
	1951 年 3 月 1 日	1,106	1951 年 3 月～ 1951 年 6 月
	1951 年 4 月 30 日	304	
	合計	4,325	
トヨタ	1950 年 7 月 31 日	1,000	1950 年 8 月～ 1951 年 2 月
	1950 年 8 月 12 日	2,329	
	1951 年 3 月 1 日	1,350	1951 年 3 月～ 1951 年 6 月
	合計	4,679	
いすゞ	1950 年 7 月 31 日	320	1950 年 8 月～ 1951 年 2 月
	1951 年 8 月 29 日	515	
	1951 年 1 月 5 日	441	1951 年 3 月～ 1951 年 5 月
	合計	1,276	
警察予備隊向け　日産	1950 年 11 月～	210	1950 年 12 月～ 1951 年 2 月
	1951 年 3 月 1 日	500	1951 年 3 月～ 1951 年 6 月
警察予備隊向け　トヨタ	1950 年 11 月～	230	1950 年 12 月～ 1951 年 2 月
	1951 年 3 月 1 日	720	1951 年 3 月～ 1951 年 6 月
	総計	11,940	

※特需全体の金額は不明だが、第 1 回受注分（納期 1950 年 9 月～1951 年 2 月）は 3 社総計で 7,059 台、総額 45 億 4,000 万円（1,260 万ドル）であった。
出典：日本自動車工業会編『日本自動車産業史』

００億円となったのです。

　まさに、「トヨタ自工は、ドッジ・ラインの影響で深刻な経営危機に陥り、人員整理にまで手をつけなければならなかったが、朝鮮特需を契機に業績は好転し、新たな一歩を踏み出すことができたのである」（トヨタ自動車75年史）ということになります。もちろん、これはトヨタ自動車に限らず、当時の日本の自動車メーカー全社に共通していえることでした。

　このほかにも「いとへん景気」「かねへん景気」といった繊維産業、金属工業への追い風も吹きました。繊維輸出量は１９５１年（昭和26年）に世界第１位になります。また、鉄鋼輸出も１９４９年の24万トンから、１９５０年61万トン、１９５１年１０

2万トンと4倍増してしまいました。

ドッジの緊縮政策により、1949年後半に暴落した株価は、朝鮮特需が始まった当初はあまり反応しませんでした。むしろ、戦争の拡大を不安視して1950年7月6日には東京株式取引所開所以来の最安値（東京市場225種の単純平均株価62円30銭）をつけてしまいます。しかし、相次ぐ特需の発生に株価は1週間で反転し、7月12日からは上昇局面に入りました。当時、「熱狂相場」と言われたそうです。

ところが、8月21日の84円4銭をピークに再び朝鮮戦争の拡大を不安視する展開となり、株価は70円台にレンジを切り下げて揉み合い状態となります。しかし、1951年なかばになると再び株価はレンジ抜けし、1952年（昭和27年）末には180円へと急上昇しました。振り返ってみれば、たった1年半で約3倍増という大相場でした。

通貨の安定は、経済成長の〝手段〟であって〝目的〟ではない

朝鮮戦争が終わると、当然、特需の反動減による不況がきました。朝鮮特需以降の日本経済は1年ほどのごく短い景気後退期を挟んで「神武景気」「岩戸景気」「いざな

ぎ景気」という高度経済成長へと突き進んでいきます。それはまさに、戦争で焼け野原になり、マイナスからスタートした日本が「経済大国」への階段を駆け上がるプロセスでした。

これは単なる偶然によってもたらされたものではありません。当時、大蔵大臣そして総理大臣として活躍した、自民党の政治家池田勇人《いけだはやと》とその経済ブレーンである下村《しもむら》治《おさむ》の貢献なしには、語ることのできない必然だったのです。

朝鮮特需を経て急速に巨大化した日本企業は、当時3つの弱点を抱えていると言われていました。それらは、①少な過ぎる内部留保、②多過ぎる借入金、そして③民間銀行の日銀依存でした。

先ほどのトヨタ自動車の例のように、ある日突然年間売上に匹敵する巨額の注文を受けてしまって、どうしても納期に間に合わせようとしたら、とにかく銀行から大量に資金を借り入れて、即座に工場のラインを増強することになります。結果として「貯蓄を大幅に上回る投資」と「借入金の急増」という①と②の事態を招くわけです。

同じように、資金の出し手である銀行は、突如として沸いた資金需要に応えるために預金を集めていたのでは間に合うはずもなく、日銀に泣きついて巨額資金を瞬時に融通してもらうしかありません。

しかし、このような状況を当時の日銀や官庁エコノミスト界の大ボスである都留重人《つるしげと》などは、一貫して「不健全な異常事態」であるとみなしていました。『日本銀行百年史』には、「本行はどのような観点からオーバーローンの是正を必要と考えていたかという点については、一言でいえば『金融の正常な在り方に反する』とみていたからである」といった記述もあるくらいです。

これに対して下村は、「日本の経済成長が国民の堅実な生産能力の増強によって支えられている限り、通貨の均衡が破れたとしてもインフレは起こらず、またたとえ起こったとしても、これは病的なインフレではなく国民生活の高度化を意味するものである」と確信していました。

下村は1934年（昭和9年）に東京帝国大学経済学部を卒業し大蔵省に入省し、1936年（昭和11年）から1年ほどアメリカに駐在しました。このとき、刊行されたばかりのケインズの『雇用・利子および貨幣の一般理論』を入手したそうです。1948年（昭和23年）からは結核で休職を余儀なくされました。そのとき、病床で『一般理論』を徹底的に読み込み、『経済変動の乗数分析』という論文をまとめました。この論文で1956年（昭和31年）に東北大学より経済学博士号を取得しています。

下村が金融政策の基本的方針として提起したのは次の2点です。

①管理通貨制度の利点を最大活用して、企業の生産力の増加（＝設備投資の増額）に応じた日本銀行券の増発を行うこと。これによって、供給能力の限界と有効需要の増加をバランスよく調節管理し、経済成長を金融面からサポートするとともに、安定的な物価上昇を誘導すること。

②日本銀行券の通貨供給方式としては、日銀の買いオペレーションを先行させること。そして、その円滑化のために政府が主体となって低金利政策（＝公定歩合の引き下げ）を敢行し、市中金利と均衡金利の均整を図り、金利体系の歪みを是正すること。これによって証券市場の健全な発展を促し、国債発行を主とした財政運営の基盤を築くこと。

（出典：論文「下村治経済理論の一考察」影浦順子）

日銀が問題視している点について、下村は民間部門が異常な投資行動をしたのではなく、政府や日銀が通貨価値の安定にこだわって金融政策を引き締め気味に運営したことが原因だと考えました。「通貨価値の安定は、経済の健全な発展にとって、必要な条件ではあるけれども、充分な条件ではない」（『経済成長実現のために』下村治、宏池会）と自ら述べています。通貨価値の安定とは、経済成長の〝手段〟であって、〝目的〟ではないのです。

高度経済成長とは「日本を取り戻す政策」のことである

下村治は「旧来の金本位制の終わり」と「対ドル固定相場制に基づく金為替本位制度（ブレトン・ウッズ体制）へと移行したこと」の意味を正確に理解していました。前述のとおり、もはや日本円は、国内の金保有量を気にせず、増やそうと思えばいくらでも増やすことができます。

もちろん、それは固定相場制を壊さない範囲内であればの話ですが、少なくとも戦前のようなガチガチの金本位制に比べれば、「金融政策の自由度」は大幅に広がっていたのです。日本の経済状態に応じて、日本の都合だけで貨幣量の調節をしてもまったく問題ありません。

もはや、経済成長のために金をかき集める必要はなくなりました。政府と日銀がしっかりと目標を定め、貨幣量を適度に調整することで持続的な経済発展ができる時代になったのです。

図27　日本の実質経済成長率推移

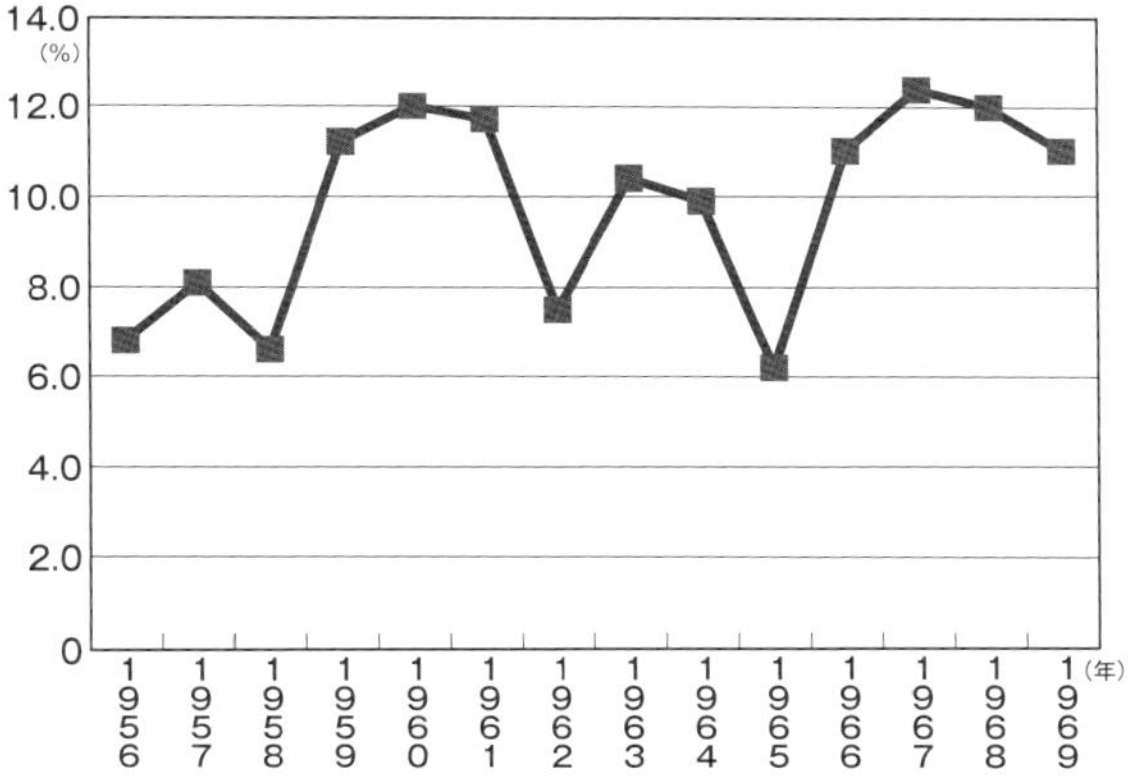

出典：内閣府調査より筆者によるグラフ化

下村はこの点を自身の言葉で、「通貨の管理は、単に通貨価値の安定のためにのみ行われるべきではなく、国民経済の健全な発展に寄与することをも目標とすべき」（前掲書）と述べています。

柔軟な金融政策を行うことで、日本は2桁台の経済成長が可能だと考えていたのです。そうなれば、「所得水準」や「GNP（国民総生産）」で、欧米にキャッチアップすることも夢ではありません。敗戦によって失われた〝日本を取り戻す〟政策。これこそが、高度経済成長だったのです。

ところが、下村のこうした考えにことごとく反対したエコノミスト界の大御所がいます。先ほどご紹介した都留重人です。彼は、日銀理論の教祖であり、1947年

（昭和22年）の第1回目の経済実相報告白書の執筆責任者でした。ちなみに、都留はこの白書の作成に当たり、下村の書いた原稿をすべて没にしたと言われています。

都留は「下村の提唱した2桁台の経済成長などは不可能で、せいぜい5、6%がいいところだ」と主張しました。1950年代以降の日本の驚異的な経済発展を目の前にしても、「戦争のために落ち込んだ谷間から回復する過程での勃興」「永久に続くものではない」など、ネガティブなことを言いまくっていました。

まるで民主党政権時代に、「もう日本は成長できない」「デフレの原因は人口減少だ」などと言いまくっていたポチノミストや日本ダメ論者みたいなものです。

しかし、現実に何が起きたか。歴史がすべてを証明しています。都留のしょうもない理論や見通しに反論する必要すら感じません。都留の完敗、下村の大勝利だったのですから。

あとがき　～日本は二度と過ちを繰り返してはならない

戦争は軍隊だけではできません。軍隊を維持し、活動を続けさせるためには兵站《へいたん》が必要であり、兵站を維持するのはその国の経済力です。独裁国家であろうと、民主国家であろうと、経済は国民によって支えられています。つまり、戦争の遂行は国民による支持がなければ不可能であるということです。

本書で見てきた歴史のパターンは、経済的な混乱が人々の生活を困窮させ、その状況を打破するために極端で危険な考え方が支持されるようになるというものです。極端で危険な考えが、「明治維新」のように国家を発展させる場合もあれば、「対米開戦」のように国を滅ぼす愚かな決断につながる場合もあります。それは、経済でいうところの、プロジェクトのリスクとリターンの関係にも似ています。

しかし、競争社会の現実は厳しく、ライバル企業が自社の役員を賄賂で釣ってわざと誤った経営判断を誘発するようなトラップを仕掛けてくるケースも当然あるわけです。それはときとして勇ましい強硬論であったり、お花畑のような平和主義であったり、パターンはいろいろです。昔の日本人は、「毒」を「薬」と言い換え、「薬」を「毒」と言い換えるプロパガンダにまんまと騙されました。それは経済的に余裕がなく、精神的に追い詰められていたことが主な原因でした。さらに突き詰めれば、その悲惨な経済状態をどうにもできず、むしろそれを助長する誤った政策を選択した当時のリーダーたちに責任があったのです。

「衣食足りて礼節を知る」とはよく言ったものです。政府は常に国民が変な気を起こさないように、経済的な停滞が長期化しないために最善を尽くさなければなりません。

２０１４年（平成26年）12月に行われた「衆議院選挙」も、まさに経済政策が主要な争点として戦われました。ケインズや石橋湛山や下村治のような「リフレ的な財政金融政策」を訴えたのが自民党であるのに対し、イギリス大蔵省や井上準之助や都留重人のような「金融軽視、財政緊縮の政策」を訴えたのが民主党です。野党で唯一の例外は維新の党で、経済政策では自民党よりもリフレ的でした。

もちろん、与党内にも金融政策の効果を認めず、増税が目的化してしまった頑迷な人々がたくさんいたことも事実です。しかし、選挙戦を通じて国民の目に映ったのは、ケインズvs.大蔵省の昔から戦われたお馴染みのあの構図でした。残念ですが、私たちは100年以上の間ほとんど進歩していないようです。

自民党が圧倒的勝利を収めた選挙結果によって、現在のリフレ的な政策はしばらく続くことが約束されました。いずれ日本経済が復活してくれれば、極端で危険な思想は国民から見向きもされなくなるでしょう。「日本が軍国主義になる」と大騒ぎしている左派も、「共産党の大躍進」に危機感を募らせる右派も、心配は無用です。おそらく、国民に相手にされなくなるのは、左右両派の一番端にいる極端な連中だからです。

しかし、日本がやっとまともな経済政策をやり始めたにもかかわらず、支那や韓国はどうも経済の調子がおかしくなってきました。必ずしも文明国の常識が通用しないこの二か国の経済が不安定化することは日本にとっても大きなリスクです。今は習近《しゅうきん》平《ぺい》の大粛清によってつかの間の平和を保つ支那も、不動産バブルの本格的な崩壊、忍び寄る悪性インフレなどによって、突如として不安定化するリスクがあることを頭に入れておきましょう。


正規軍が対峙して弾を撃ち合う戦争はもう終わりました。戦争なのか、テロなのか、犯罪なのか判然としないグレーゾーンのなかに、様々な意図が隠されています。降りかかる火の粉を払いつつ、国民の安全を守る。終わりのない戦いが今日も、明日も、永遠に続くのです。
問題を一挙に解決するような危険思想に流されることなく、真に国民の経済厚生を高める政策が採られることを期待して、本書の結びとしたいと思います。

平成26年師走

上念 司

参考文献

■ピグーの『戦争の政治経済学』と後続世代の戦争経済論 環境経済学の視点から見た「戦争と経済」／大森正之／政経論叢第76巻第3・4号／2008年3月

■テロの計量分析序説－発生要因と成長率への影響／木原隆司／PRI Discussion Paper Series（No.14A-01）／2014年

■「内戦の開発経済学」再考－紛争勃発・激化と紛争後の成長・支援の実証分析－／木原隆司／PRI Discussion Paper Series（No.10A-09）／2010年

■19世紀のデフレーションはなぜ始まり、なぜ終ったのか／原田泰・中田一良・相樂惠美／ESRI Discussion Paper Series No.62／2003年

■日本貿易の発展と構造－1885~1913年－／奥和義／関西大学商学論集 第56巻第2号／2011年

■物価と景気変動に関する歴史的考察／北村行伸／Discussion Paper No. 2001-J-25／2001年

■世界経済の発展と技術革新（1）－第一次産業革命から20世紀初頭まで－／増山幸一／明治学院大学経済学部／2002年（改訂稿）

■「通貨制度の構造的危機」とライヒスバンク：世紀転換期と1907年恐慌を巡るライヒスバンクと金融市場／居城弘／静岡大学経済研究1（2）, p. 1-32／1996年

■中央銀行制度の役割と機能－役割期待はどこまで膨張するのか－／岩佐代市／関西大学商学論集 第58巻第3号／2013年

■ニューヨーク金融市場とドルの国際化の一階梯：連邦準備制度の設立に関する証言の国際的側面／高山洋一／経済学研究35（3）：42-57／1986年

■第一次大戦後の経済問題とケインズ／松川周二／立命館経済学（第60巻・第1号）／2011年
■ドイツの賠償支払い・トランスファー問題とケインズ／松川周二／立命館経済学（第59巻・第5号）／2011年
■ドイツ信用恐慌とブリューニング政策／大泉英次／北海道大学 経済学研究26（3）：87-137／1976年
■基軸通貨ポンドの衰退過程に関する実証的研究／金井雄／2005年
■戦後インフレーションとドッジ安定化政策－戦後期物価変動の計量分析－／高木信二、永井敏彦、河口晶彦、嶋倉收一／大蔵省財政金融研究所「フィナンシャル・レビュー」／1994年
■下村治経済理論の一考察－経済成長と金融調整のあり方をめぐって－／影浦順子／立命館大学大学院先端総合学術研究科Core Ethics Vol. 6／2010年
■1950年代の特需について（1）／浅井良夫／紀要158 成城大学経済研究／2002年
■『昭和恐慌の研究』／岩田規久男（編・著）／東洋経済新報社／2002年
■『伝説の教授に学べ！ 本当の経済学がわかる本』／浜田宏一、若田部昌澄、勝間和代／東洋経済新報社／2010年
■『経済学者たちの闘い（増補版）－脱デフレをめぐる論争の歴史』／若田部昌澄／東洋経済新報社／2013年
■『震災恐慌！～経済無策で恐慌がくる！』田中秀臣、上念司／宝島社／2011年
■『ザ・パニック』／ロバート・ブルナー、ジョン・カー／東洋経済新報社／2009年
■『ヒトラー全記録－20645日の軌跡－』阿部良男／柏書房／2001年
■『明治大正国勢総覧』東洋経済新報社／1975年
■Federal Reserve Economic Data（Federal Reserve Bank of St. Louis）／http://research.stlouisfed.org/fred2/
■日本銀行時系列統計データ検索サイト／www.stat-search.boj.or.jp/
■神戸大学付属図書館デジタルアーカイブ 新聞記事文庫／http://www.lib.kobe-u.ac.jp/sinbun/

◎**著者略歴**

上念 司（じょうねん・つかさ）

1969年、東京都生まれ。中央大学法学部法律学科卒業。在学中は創立1901年の弁論部・辞達学会に所属。日本長期信用銀行、臨海セミナーを経て独立。2007年、経済評論家・勝間和代と株式会社「監査と分析」を設立。取締役・共同事業パートナーに就任（現在は代表取締役）。2010年、米国イェール大学経済学部の浜田宏一教授に師事し、薫陶を受ける。金融、財政、外交、防衛問題に精通し、積極的な評論、著述活動を展開している。著書に、『≪完全版≫「日本ダメ論」のウソ』（イースト・プレス）、『TOEICじゃない、必要なのは経済常識を身につけることだ！』（ワック）、『デフレと円高の何が「悪」か』（光文社）他多数。

経済で読み解く 大東亜戦争

「ジオ・エコノミクス」で日米の開戦動機を解明する

2015年２月５日　初版第1刷発行
2018年11月10日　初版第6刷発行

著者　上念 司
発行者　塚原浩和
発行所　KKベストセラーズ
〒171-0021
東京都豊島区西池袋5-26-19
陸王西池袋ビル4階
電話 03-5926-5711（代表）
http://www.kk-bestsellers.com/

印刷所　錦明印刷株式会社
製本所　株式会社フォーネット社
ＤＴＰ　株式会社オノ・エーワン
装幀　神長文夫＋柏田幸子
図表制作　大熊真一（ロスタイム）

ISBN 978-4-584-13615-7　C0095